說話不能太白癡3

畢業班高段說話術！

贏家系列：29

說話不能太白癡3：畢業班高段說話術！

編　　著　李子凡
出 版 者　大拓文化事業有限公司
執行編輯　林秀如
美術編輯　林鈺恆

總 經 銷　永續圖書有限公司
劃撥帳號　18669219
地　　址　22103 新北市汐止區大同路三段一九十四號九樓之一
TEL　(〇二)八六四七—三六六三
FAX　(〇二)八六四七—三六六〇
E-mail　yungjiuh@ms45.hinet.net
網　　址　www.foreverbooks.com.tw

CVS代理　美璟文化有限公司
TEL　(〇二)二七二三—九九六八
FAX　(〇二)二七二三—九六六八

法律顧問　方圓法律事務所　涂成樞律師

出　版　日◇二〇一八年十一月

國家圖書館出版品預行編目資料

說話不能太白癡3：畢業班高段說話術！
/ 李子凡編著. -- 初版.
-- 新北市 : 大拓文化, 民107.11
面 ;　公分. -- (贏家系列 ; 29)
ISBN 978-986-411-083-4(平裝)
1.說話藝術　2.口才
192.32　107015980

前言

「一言之辯勝於九鼎之寶，三寸之舌強於百萬之師」，道盡了口才的重要性。語言的力量就是這樣的神奇，既能給人帶來沮喪和煩惱，也能給人帶來勇氣和歡樂——關鍵在於你會不會說話。

有的人自身很內向，所以他們覺得口才並不重要，不需要花費太多的時間去學習。但是，從現代社會的發展要求來看，這樣的看法是錯誤的。良好的口才不僅重要而且必要，在這樣的社會條件下，不僅需要良好的口才，還需要你將話說到位，表達貼切。

在同樣的機會下，只有少部分的人能夠成功，而那些能夠成功的人，往往就是那些善於與別人溝通的人。這樣的人掌握著說話的技巧，在機會來臨時緊緊抓住機會，在第一時間發揮自己的聰明才智。世界上八〇%的財富和權勢掌握在二〇%的人手中，而那二〇%的人正是那些善於與人交往，掌握著說話技巧的人。從這一點可以說，口才就是人的第二張臉。

現代社會，想要在激烈的競爭中贏得勝利，就必須有良好的口才。

良好的溝通是人際交往的第一步。但是，說話的能力卻並不是每個人都有的，聰明的人憑借好口才贏得幸福成功的人生，而不善說話的人則要試著學習說話的技巧，改變自己的生存狀態，幫助自己成功地實現理想。

前言／003

PART 1

巧妙打開陌生人的話匣子

01 怎樣精采的說出自己的名字／012
02 打破僵局的幾種技巧／017
03 怎樣快速讓陌生人對你有好感／022
04 用話題破解交談的「瓶頸」／027
05 設法提高對方的情緒／032
06 尋找對方身上的優點／037
07 讓談話在意味深長中結尾／042

PART 2

撕掉對方的偽裝讓他對你說真話

01 組合式發問，問出對方的真意／048
02 抓住關鍵反覆問，挖出對方真話／052

CONTENTS

03 借第三者之名，探出對方真言／056
04 以言語誘導，使對方落入你的話語陷阱／060
05 用按兩下模式套出對方的話／063
06 戳對方的痛處，逼對方主動開口／067
07 抓語言裡的漏洞，洞悉對方是否撒謊／071
08 製造「機會」，讓說謊者自露破綻／076
09 將計就計，順勢破謊解危／079

PART 3

怎樣說才能避免與別人爭吵

01 別對另一半說「隔壁老王比你好」／084
02 他人故意製造矛盾，不爭是最好的回擊／087
03 用微笑加軟語澆滅對方的怒火／090
04 用邏輯誘使對方自我否定／093
05 用高帽讓對方轉怒為笑／096
06 用幽默平息他人的怒氣／099

PART 4

如何才能在為難時刻開好口

01 表態時儘量避開說「是」或「不是」／104
02 不想借給別人錢時怎麼說／108
03 當別人打探你的隱私時該怎樣說／112
04 當別人提出不便當眾回答的問題時該怎樣說／116
05 面對無理要求時如何說／120
06 面對過分的玩笑你該如何應對／124
07 圓場的話該怎樣說／128
08 男生怎麼向女生提出約會請求／131

PART 5

怎樣問話才能問出自己想知道的

01 問話前先「熱身」，消除冷狀態／136
02 只是詢問，給對方留足空間／140

CONTENTS

03 循序漸進，用自己的話套住對方／144
04 聲東擊西，問出借錢人的真實目的／148
05 智力比拼，同一問題多人考量／153
06 提一些兩難問題，逼出對方的真心／158
07 直接詢問動機，避免對方蒙混過關／162
08 針尖對麥芒，逼出男人承諾裡的「含水量」／167

PART 6

怎樣說才能化解別人的糾紛

01 不偏不倚，肯定雙方的觀點／172
02 適當地褒一方，貶一方／175
03 委婉規勸，不直接批評或肯定任何一方／178
04 私下單獨稱讚對方，使雙方各退一步／181
05 表現一方的才能讓所有人心服／184
06 婉轉批評順道給爭吵者「降溫」／187
07 提出稍稍折中的意見／190

PART 7

如何在飯局上和別人說好場面話

01 請客吃飯，以好理由「打頭陣」／194
02 活躍氣氛，調動與宴者的積極性／197
03 給別人敬酒時該怎麼說／200
04 怎樣祝酒才能贏得上司好感／205
05 不想喝時，「自然」拒絕不傷顏面／208
06 酒量不好，坦誠拒酒不失禮／213
07 利用擋酒詞成功地拒酒／217

PART 8

怎樣說電話那端的人才會被你吸引

01 準備充分，再撥通電話／222
02 第一個字——「喂」怎麼說／225
03 怎樣透過電話讓對方感到受尊重／228

CONTENTS

04 不小心打錯電話時，應該怎麼說／232
05 怎樣借助電波傳遞自己的美好形象／235
06 電話交談，禮貌用語不可少／239
07 要找的對象，是助手接電話時你該怎麼說／242
08 假裝誤聽，讓對方糾正你／247
09 單刀直入，三十秒內進入主題／250

PART 1

巧妙打開
陌生人的話匣子

01 怎樣精采的說出自己的名字

> 完全陌生，彼此冷漠的人們在一起生活一段時間，經過內心和思想交流，也會產生相互信賴的知遇之感。
>
> ——（德）歌德

在向陌生人做自我介紹時，首先要做的就是自報姓名，但許多人在這方面卻做得不太好，在介紹時只是簡單的報出自己的姓名：「我姓×，叫××。」自以為介紹已經完成，然而這樣的介紹肯定算不上有技巧，也許只過了三五分鐘，別人已經把他的姓名忘得一乾二淨，這樣也就無法給別人留下深刻的第一印象。

一個人的姓名，往往擁有豐富的文化積澱，或折射凝重的史實，或反映時代的樂章，或寄寓雙親對子女的殷切厚望。因此，推衍姓名能令人對你印象深刻，有時也會令人動情。

一、利用名人式

在新生見面會上，代玉做自我介紹時說：「大家都很熟悉《紅樓夢》裡多愁善感的林黛玉吧，那麼就請記住我，我叫代玉。」

再如陳資穎：「我叫陳資穎，和世界球后戴資穎只差一個字，所以，每次她贏得比賽，我也十分高興。」

利用和名人的名字相近的方式來介紹自己的名字，關鍵是所選的名人是大家都知道的，否則就收不到效果。

二、自嘲式

如劉美麗介紹自己時說：「不知道父母為何給我取美麗這個名字。我沒有標準的身高，也沒有苗條的身材，更沒有漂亮的臉蛋，這大概是父母希望我雖然外表不美麗，但不要放棄對一切美麗事物的追求吧。」

三、自誇式

如李小華介紹自己時說：「我叫李小華，木子李，大小的小，中華的華。都是幾個沒有任何偏旁的最簡單的字，就如我本人，簡簡單單、快快樂樂。但簡單不等於沒有追求，相反，我是一個有理想並執著的人，在追求理想的路上我快樂的生活著。」

四、聯想式

如一個同學叫蕭信飛，他便這樣做自我介紹：「我姓蕭，叫蕭信飛。蕭何的蕭，韓信的信，岳飛的飛。」

絕大多數人對「蕭何月下追韓信」的典故和民族英雄岳飛都很熟悉，這樣一來，大家對他的名字當然印象深刻了。

五、姓名來源式

如陳子健：「我還沒出生，名字就在我父親的心中了。因為他很喜歡這樣一句古語『天行健，君子以自強不息』，於是毫不猶豫的給我取了這個名字，同時希望我像君子一樣自強不息。」

六、望文生義式

如秦國生：「我是秦始皇吞併六國時出生的，我叫秦國生。」

與其他方法相比，望文生義法有更大的發揮餘地，例如下面的幾例：

楊帆——一帆風順，揚帆遠航。

皓波——銀色的月光照在水波上。

秀惠——秀外惠中，並非虛有其表。

七、理想式

如向紅梅：「我嚮往像紅梅一樣不畏嚴寒，堅強剛毅，在各種環境中都要努力上進，尤其是在艱苦的環境裡，更要綻放出生命的美麗。」

八、釋詞式

即從姓名本身進行解釋。

如朱紅：「朱是紅色的意思，紅也是紅色的意思，合起來還是紅色。紅色總給人熱情、上進、富有生命力的感覺，這就是我的顏色！」

九、利用諧音式

如管偉慧：「我的名字讀起來像『管委會』，正因為如此，大家盡可以把我當成居委會，有困難的時候來反映反映，本管委會力爭為大家解決。」

十、調換詞序式

如周非：「把『非洲』倒過來讀就是我的名字——周非。」

十一、激勵式

如展鵬在新生見面會上說：「同學們，我們從五湖四海來到這裡，為了什麼？不就是為了好好學習，今後在社會這片廣闊的天空中大鵬展翅，自由翱翔嗎？」

十二、摘引式

如任麗群：「大家都知道『鶴立（麗）雞群』這個成語，我是人（任），更希望出類拔萃，所以，我叫任麗群。」

語言大師 精華提要

自我介紹是有很大發揮空間的，我們應該想方設法把它豐富起來，不要放過任何一個吸引人注意的機會。

02 打破僵局的幾種技巧

人就像藤蔓，他的生存靠別的東西支持，他擁抱別人，就從擁抱中得到了力量。

——（英）蒲伯

初次與人交談，往往因為不熟悉，不瞭解而出現冷場，這是較令人難堪的局面。在人際關係中，冷場無疑是一種「冰塊」。打破冷場的技巧，就是及時融化「冰塊」，消除交往障礙的「碎冰機」。

陌生人之間存在以下幾種情況時，最容易因「話不投機」而出現冷場。

一、彼此不大熟悉。

二、年齡、職業、身分、地位差異大。
三、心境差異大。
四、興趣、愛好差異大。
五、性格、素質差異大。
六、平時意見不合，感情不和。
七、互相之間有利害衝突。
八、異性相處，尤其單獨相處時。
九、因長期不交往而比較疏遠。
十、性格均為內向者。

對於可能出現的冷場，應該具備一定的預見性，並採取措施加以預防，否則陷入冷場的談話會令雙方都很尷尬。

下面幾種方法可供借鑑：

一、針對對方的興趣談

老人最感興趣的話題是關於他們自己年輕時候的經歷；年輕人關注怎樣才能讓自己

的才能得以發揮，以及他們的工作、學習、業餘生活；年輕媽媽最感興趣的莫過於她們的孩子。

二、故意拋出錯誤觀點

有時裝作不懂的樣子，往往可以聽取他人更多的意見，讓他人的自炫心理得以滿足。反之，如果你表現得太聰明，人家即使要講，也有顧忌，怕比不上你。如果我們用「請教」的語氣說話，引起對方的優越感，就會引出滔滔話語。喜歡教人，而不喜歡受教於人，這是種普遍心理。

三、打破自己造成的沉默

如果是自己太清高、架子大，使人敬而遠之，而造成了雙方的沉默，在交談中應該主動些、客氣些、隨和些。如果是自己太自負，盛氣凌人，使對方反感，而造成了沉默，則要注意謙虛，多想想自己的弱點，適當褒揚對方的優點。

如果是自己口若懸河，講起話來漫無邊際，無休無止，而導致了對方的沉默，則要注意使自己的講話適可而止，給對方說話的機會，不要讓人覺得你在進行單方面的「傳教」。

四、鼓勵對方講話

為了鼓勵對方講話，你可以經常變換使用一些表示贊同的詞語，讓對方把話講完，把心中的想法傾吐出來。當對方受到鼓勵並獲得贊同意見時，他會感到自己受到了重視。創造一種信任的氣氛，這種氣氛有助於對方主動說話。

五、消除隔閡和陌生

如果因為彼此不瞭解，不知談什麼得體，那麼你就應該主動做自我介紹，並把話題擴展到盡可能廣泛的領域，從中發現雙方共同感興趣的內容。

如果你們剛剛發生了爭論而出現了沉默，那麼，你就應該冷靜下來，心平氣和地談些雙方無分歧的話題。冷場的出現，跟你選擇的「話題」密切相關。「曲高和寡」會導致冷場，「淡而無味」同樣會引起冷場。不希望出現冷場的交談者，應當事先做些準備，使自己有一點「庫存話題」，並把它用隨和又恰當的方式表達出來。

在這裡向你提供一些有關的話題，幫你打破冷場：

一、對方的孩子。

二、對方個人的愛好。

三、對方事業上的成就。
四、對方的健康。
五、運動競賽。
六、影視戲劇。
七、新聞趣事。
八、日常生活中的「熱門話題」。
九、祖居地風情、特產。
十、旅遊、採購。

語言大師 精華提要

打破冷場當然沒有固定的模式，交談者應根據具體的時間、地點和對方的心理特點，以及造成冷場的原因，採取不同的方法和對策。

03 怎樣快速讓陌生人對你有好感

人就像藤蔓，他的生存靠別的東西支持，他擁抱別人，就從擁抱中得到了力量。

——（英）蒲伯

在我們的一生中，經常可以遇到這種情況：必須和一群不認識的人打交道。打破與他們之間的界限，消除無形的隔閡，順利的把自己的意見和思想傳達、灌輸給他們，使他們能欣然接受，並贊成擁護，甚至把他們變成自己的朋友，要做到這些絕對需要不凡的智慧。

「一見如故，相見恨晚」，歷來被視為人生一大快事。當今世界人際交往極其頻繁，參觀訪問、調查考察、觀光旅遊、應酬赴宴、交涉洽商……善於跟素昧平生者打交道，掌握「一見如故」的訣竅，不僅是一件快樂的事，而且對工作和學習大有裨益。那麼，如何才能做到「一見如故」呢？請看下面的例子：

富蘭克林・羅斯福剛從非洲回到美國，準備參加一九一二年的參議員競選。因為他是希歐多爾・羅斯福的侄子，又是一位有名的律師，自然知名度很高。在一次宴會上，大家都認識他，但羅斯福卻不認識所有的來賓。同時，他看得出雖然這些人都認識他，然而表情卻顯得很冷漠，似乎看不出對他有好感的樣子。

羅斯福想出了一個接近這些自己不認識的人並能與他們搭話的主意。

於是他對坐在自己旁邊的陸思瓦特博士悄聲說道：「博士，請你把坐在我對面的那些客人的大致情況告訴我，好嗎？」

陸思瓦特博士便把每個人的大致情況告訴了羅斯福。

瞭解大致情況後，羅斯福藉口向那些不認識的客人提出了一些簡單的問題，經過交談，羅斯福從中瞭解到他們的性格特點和愛好，知道了他們曾從事過什麼事業，最得意的是什麼。掌握這些後，羅斯福就有了同他們交談的話題，並引起了他們的興趣。在不知不覺中，羅斯福便成了他們的新朋友。

一九三三年，羅斯福當上了美國總統，他依然採取和不認識者「一見如故」的說服術。美國著名的新聞記者麥克遜曾經對羅斯福總統的這種說服術評價道：「在每一個人進來謁見羅斯福之前，關於這個人的一切情況，他早已瞭若指掌。大多數人都喜歡順耳之言，對他們做適當的頌揚，就無異於讓他們覺得你對他們的一切事情都是知道的，並且都記在心裡。」

我們每一個人都應當學會與不認識的人「一見如故」，因為：第一次和別人打交道時，雙方都不免有些拘謹，有層隔閡。如果能有人主動、大方的打破這層隔閡，對方也能很快融入進來，這種假的「一見如故」在雙方看來，就變成真的一見如故了。

很多時候我們只和一些人「擦肩而過」，但世界如此之小，在社會中生存的我們說不定什麼時候就會需要他們的說明。到那時，你過去跟他「一見如故」的交往，會給你帶來豐厚的回報。

當你有機會預先知道你將遇見一位陌生人，那麼你就要預先向你們雙方都認識的朋友們，探聽一下對方的情形。關於他的職業、興趣、性格、過去的歷史等，你能夠知道得越詳細越好。不過，在其中的某些方面，你要提防，你的朋友或許對這位你將認識的人有偏見。當你走進那位陌生者的住所時，你要能夠善於觀察，看看能不能找到一些線索使你對於他瞭解得更多一點。

在主人家的牆上，常常會找到瞭解對方的線索。要知道那牆上的東西，不同於那些笨重的桌椅傢俱。一般家庭的傢俱往往不是完全根據主人的喜好購置的，也不是隨時可以更換的東西。可是牆上、桌子上、窗台上那些裝飾、擺設，卻常常展示著主人喜愛的情調、興趣的中心。如果你能把這些當作一個線索，不僅，可以由此深入主人心靈的某一方面，同時也可能使你自己對人生、對世界增多一些見識。

只要你能加以留心，在你所到過的別人房間裡面，無論是新交的，還是舊識的，你都可以發現主人的精神世界裡許多寶貴的東西。你只要能夠欣賞這些寶貴的東西，你不但可以交到無數的親切溫暖的好友，在你本來認為平庸無奇的人身上，發現許多值得你學習的品德，而且也會使你自己的心胸日益開闊，使你自己的人生日益豐富起來。

牆上掛著什麼畫呢？是哪個畫家的畫呢？如果牆上掛的是些攝影，你能不能因此揣測對方是一個攝影的愛好者呢？如果他掛的是自己的傑作，你能不能因此曉得他個人對攝影的技術修養和愛好情趣？如果他所攝的景物不是本地的風光，是不是可以從這裡瞭解一下他過去的行蹤呢？他會告訴你這是他在何地拍攝的，往往因此會引起一段主人最有興趣、最想讓別人知道的故事，也因此會引起一段極愉快、極投機的談話。

語言大師 精華提要

不要限制自己的心智與發展，若要做一個到處受人歡迎的興趣勃勃的人，請對人對事恢復一些你童年時代的好奇心吧！只要留心，就會使你增加許多瞭解他的線索。

04 用話題破解交談的「瓶頸」

與人溝通，最重要的事情是聽取沒有說出來的話。

——（英）德拉克

和陌生人說話最苦於找不到話題，怎樣巧找話題呢？那就要從具體情況出發去考慮，如果彼此完全陌生尚未相識，那就要察言觀色，以話試探，尋求共同點，抓住了共同點就是抓住了可談的話題。

如果是因為話不投機，出現難題，那就只能求同存異，或是檢討自己的不妥之處，表示歉意，如果對方有什麼顧慮，或是沉默的原因不明，那就沒話找話，隨便找個話題，引起對方的興趣，說個笑話，談點趣聞都可以活躍氣氛。

從具體情況出發，可以選擇採取下面的方法：

一、你想瞭解什麼就問什麼，談什麼

在初次交往中，各自都有一定的意圖，那就可以依據你的意圖，提問求答，你想瞭解什麼就可以問什麼。但這樣做的時候要注意兩點：一是不要形成一串的盤問；二是不要探聽對方的隱私。最好的做法是你想瞭解對方的什麼情況，你就先談自己的什麼情況，擴大自己的開放區域，來促使對方擴大開放區域，這樣就容易找到許多可談的話題。如果你想瞭解對方的業餘生活，可以問對方：平時有什麼興趣愛好？業餘時間喜歡做點什麼？但是很可能對方只說了「喜歡旅遊，聽聽音樂」這麼一句話，就不再說了。那你就談談自己的業餘愛好，談得具體、詳細一些，這樣就會引發對方的談興，使交談趣味相投。

與陌生人交談，一般都可以先提一些「投石」式的問題，在略有瞭解後再有目的地交談，便能談得較為自如。如在商業宴會上，見到陌生的鄰座，便可先投石詢問：「您是主人的老同學呢，還是老同事？」無論問話的前半句對，還是後半句對，都可循著對的一方面交談下去；如果問得都不對，對方回答說是「同鄉」，那也可談下去。假如是同鄉，你可和他談家鄉的新變化；進而開始你與他的交往，也許他將來就是你事業上的合作夥伴呢！

二、就社會熱門問題進行交談

陌生的雙方剛一接觸，純屬個人生活的事情不宜多談，但可以對時下的人所共知的社會現象、熱門問題談談看法。如果對方對這一問題還不太清楚，你可以稍作介紹。例如，近期影響較大的社會新聞、電影、電視劇和報刊文章等，都可以作為談話的話題和接近的媒介。

三、從眼前和身邊的具體景物上找話題

◆從雙方的工作內容尋找。相同的職業容易引起共鳴，不同的職業更具有新奇感與吸引力。

◆從彼此的經歷中尋找。經歷是學問，親身經歷過的人和事往往會給你留下極深的印象。這種交流最易敞開心扉、最易見到真情。

◆從雙方的發展方向尋找。人都關心自己的未來，前途與命運是長盛不衰的永恆的話題。人生若沒有前進的方向，生活便失去了動力。這類話題最易觸動對方敏感的神經。尤其是異性，更熱衷於此。

◆注意家庭狀況。談家庭生活並不一定就是俗氣。家庭是社會的細胞，家庭生活的完美、和諧是每個人的理想。這類話題不必做準備，隨時都可談論，但有思想的人都可以從中發現許多人生的哲理。

◆關注子女教育。孩子是父母生活的希望，孩子的教育牽動每個家長的心。憐子、愛子、望子成龍是家長的共同心理。談及孩子，即使是性格內向的人，也會眉飛色舞、滔滔不絕。

另外，在話題的選擇下，還有一些講究必須注意：例如不談對方深以為憾的缺點和弱點；不談上司、同事以及一些朋友們的壞話；不談人家的隱私；不談不景氣、手頭緊之類的話；不談一些荒誕離奇、黃色淫穢的事情；不詢問婦女的年齡、婚否、家庭財產等事情；不說個人恩怨和牢騷；不說一些尚未明辨的隱衷是非；避開令人不愉快的疾病詳情；忌誇自己的成就和得意之處。

語言大師 精華提要

俗話說「巧婦難為無米之炊」，沒有話題，一場談話就沒有焦點。光是空發話，沒有實際意思，那陌生人終究還是陌生人，陌生的局面終究化不開。有了話題，才能打開「瓶頸」，接下來的談話才會順利。

05 設法提高對方的情緒

不眠知夜長，久交知人心。

——諺語

在某些沉悶的環境裡，很多人不願意開口跟陌生人說一句話，那是出於一種防備心理和自尊心理，在這種時候，你應該學會如何去激起說話對象的某種情緒，讓他慢慢開始滔滔不絕。

假設你正在搭著火車，你已坐了很久了，而前面還有很長的一段路程。你想與他人講講話，這是人類的群體性在作祟，而你要盡力使你的談話裡顯得有趣和富有刺激性。

坐在你旁邊的一位像是一個頗有趣的傢伙，而你頗想能知道他的底細，於是你便搭訕道：「對不起，你有筆嗎？」

可是他一句話也不說，只是點點頭，從口袋裡掏出了一支筆給你。你寫好了，在還給他時說了聲「謝謝」，他又點了點頭，然後把筆放進了口袋裡。

你繼續說：「真是一條又漫長又無聊的旅程，你是否也有這種感覺？」

「是的，真討厭。」他開始同意你的意見，而且語調中包含著不耐煩的意味。

「若看看一路上的稻田，倒會使人高興起來。」

「嗯，嗯！」他含糊地答應著。

這時你再也沒有勇氣說下去了。你在農業這個方面，給他一個表現興趣的機會，他若是個農夫，那麼他一定會接下來發表一番他的看法的。

假若一個話題對他富有興趣，那麼無論他是如何沉默的一個人，他也會發表一些言論的。因此你在談話的停滯之中，思考了一番後，又重新開始了。

「天氣真好，爽快極了！」你說：「真是理想的賽球時節。今年秋季有好幾個大學的球隊都很出色呢！」

那位坐在你身旁的乘客坐起身子，他的目光也開始注意起你來了。

「你看理工大學球隊怎麼樣？」他問。

你回答：「理工大學球隊很好，雖然有幾個老將已經離隊，然而幾位新人卻也都很不錯。」

「你曾聽到過一個叫李意剛的隊員嗎？」他問。

你的確聽說過這個球員，還猛然發現此人和李意剛長得很像，立刻可以判斷定此人與李意剛有相當程度的關係。

於是你說：「他是一個強壯有力、有技巧，而且品行很好的青年。理工大學球隊如果少了這位球員，恐怕實力將會大減。但是李意剛快要畢業了，以後這個球隊如何還很難說。」

聽了你這樣一番話，這位乘客一定會興高采烈滔滔不絕的跟你談了起來。可見，你激發了他說話的情緒，情緒一上來，就很難控制，於是接下來的旅程你就會覺得很短暫了。

有的時候，透過發掘彼此的共同點，或者發現彼此之間某一方面的聯繫，也能夠迅速調動起對方的情緒。

一九八四年五月，美國總統雷根訪問上海復旦大學。在一間大教室裡，雷根總統面對數百位初次見面的復旦學生，他的開場白是這樣說的：「其實，我和你們學校有著密切的關係。你們的謝希德校長與我的夫人南西，都是美國史密斯學院的校友。照此看來，我和在座各位自然也就都是朋友了！」

此話一出，全場鼓掌。短短的兩句話，就使幾百位學生把這位總統當作是十分親近的朋友。接下去的交談自然十分熱烈，氣氛極為融洽。

雷根總統能在如此短的時間內打動如此多的陌生人，拉近心理上的距離，靠的就是他緊緊抓住了彼此之間還算親近的關係。

一般來說，對一個素不相識的人，只要事前作一番認真的調查研究，你往往都可以找到或明或暗，或近或遠的親友關係。而當你在見面時及時拉上這層關係，就能一下子縮短心理距離，使對方產生親近感。進而打破那種凝重、緊湊的空間感，啟動對方說話的心態。例如，有些採訪者面對不合作的陌生對象，很會添趣助興。

有些和陌生人談話的場合是不可避免的，那種緊張壓抑的氣氛抑制大家說話的勇氣，這時，必須想辦法挑起一種快樂的情緒，讓所有人都參與到交談中。

語言大師 精華提要

當你遇見一個沉默寡言的陌生人時，他所表現出的沉默寡言並不是不願說話，而是需要你引導他們去說話，這種時候你就要好好想一個話題去激發他的情緒。

06 尋找對方身上的優點

人就像藤蔓，他的生存靠別的東西支持，他擁抱別人，就從擁抱中得到了力量。

——（英）蒲伯

「尺有所短，寸有所長。」人人都有可供誇耀的長處，也都有避之唯恐不及的短處。跟初交者交談時，如果以直接或間接的讚揚對方的長處作為開場白，就能使對方高興，對你產生好感，交談的積極性也就得到極大激發。反之，如果有意或無意的觸及對方的短處，對方的自尊心受到傷害，就會感到「話不投機半句多」。

被譽為「銷售權威」的霍依拉先生的交際訣竅是：初次交談一定要揚人之長避人之

短。

有一次，為了替報社拉廣告，他拜訪梅伊百貨公司總經理。寒暄之後，霍依拉突然發問：「您是在哪裡學會開飛機的？總經理會開飛機可真不簡單啊！」話音剛落，總經理興奮異常，談興勃發，廣告之事順理成章的安排給了霍伊拉先生。

由此可見，就對方身上的優點開始談話是會得到意想不到的效果。之所以會這樣，也是有依據的。

無數事實證明：每個人都希望被讚美，但關鍵是如何找到別人可讚美的優點。如果沒有找到別人的優點而只是盲目的讚美，或者是讚美起來沒完沒了，那後果可就糟糕極了。

就比如我們要是對一位清潔工人進行這樣的讚美：「你真是一位成功人士呀！你具備非凡的氣質，你是一位非常偉大的人！」對方一定會認為我們是神經病，因為這些話好像跟他沒有任何關係。

此外，有些人很善於找到別人身上的優點，但因為沒有掌握住讚美的分寸，喋喋不休的讚美，那後果也是不可設想的。比如日本超級保險推銷員原一平剛開始運用讚美時就犯下了一個錯誤。

原一平到一位年輕的小公司老闆那裡去推銷保險。進了辦公室後，他便讚美年輕老闆：「您如此年輕，就當上了老闆，真了不起呀，在我們日本是不太多見的。能請教一下，您是幾歲開始工作嗎？」

「十七歲。」

「十七歲！天哪，太了不起了，這個年齡時，很多人還在父母面前撒嬌呢！那您什麼時候開始當老闆呢？」

「兩年前。」

「哇，才做了兩年的老闆就已經有如此氣度，一般人還真培養不出來。對了，你怎麼這麼早就出來工作了呢？」

「因為家裡只有我和妹妹，家裡窮，為了能讓妹妹上學，我就出來工作了。」

「你妹妹也很了不起呀，你們都很了不起呀。」

就這樣一問一讚，最後讚到了那位年輕老闆的七姑八姨，越讚越遠了。最後，這位老闆本來已經打算買原一平的保險的，結果也不買了。

後來，原一平才知道，原來那天自己的讚美沒完沒了，本來剛開始時，他聽到幾句讚美後，心裡很舒服，可是原一平說得太多了，搞得他由原來的高興變得不勝其煩了。

由此我們也可以看出：不僅要會找對方的優點加以讚美，而且要注意讚美的分寸，不要到最後弄得過猶不及。

平時當我們到朋友家裡做客時，看到客廳牆上有一幅山水畫，我們往往會情不自禁地讚許道：「這幅畫真不錯，給這客廳平添了幾分神韻，顯出了幾分雅致，誰買的？眼力可真好！」

也許，這句話只是我們不經意間隨便說出來的，但我們的朋友會感到很欣慰，心中的滋味一定很不錯。

對於業務人員，和顧客初次接觸也可以這樣。一番寒暄過後，身旁的一切都可以成為恭維的話題。可以對接待室的裝潢設計讚歎一番，還可以具體的談及一下桌上、地上或是窗台上的花卉或盆景等。這些花卉和盆景造型如何新穎獨特，顏色亮度等又是如何搭配得當，甚至還可以對它們的擺放位置用「恰到好處，錯落有致」一類的詞語來形容一番。

語言大師 精華提要

讚美是說給人聽的，讚美對象時，必須與人掛上鉤，只是稱讚東西有什麼特色，是無法突出對人的讚賞的。要緊緊盯住對方的知識、能力和品味進行稱讚。如果喜歡我們的顧客，我們就不難發現他值得讚美的地方。

07 讓談話在意味深長中結尾

人只要有一點長處，就值得同他交往。而您所交往的人，都或多或少地各有長處。

——（俄）果戈理

我們在與陌生人交談結束時，運用「再會」之類的告別語顯得千篇一律，太俗太空。這樣一來，努力設計能給對方留下深刻印象的告別語就很有必要。

一般來說，通常有以下幾種收尾方法：

一、關照式收尾

關照式收尾，是交談雙方說完了自己的想法、意見或流露了某些內心意向之後、覺得談話中的有些話和問題帶有範圍性、對象性、保密性和重點性，當交談即將結束時，就關照對方不要將其中的某些話張揚出去。譬如：

「剛才我講的一些話，是一些不成熟的看法，我覺得不必讓他人知道，請你不要傳出去，以免引起麻煩……」「小陳，我要講的都講了，全是心裡話。有關小黃的事你千萬不要告訴別人，不然會鬧出大亂子來的。」

這種收尾方式，有一種提起注意、防患於未然和強調重點的作用，能使交談的對方增進瞭解並增強「使命感」、「責任感」。

二、祝福式收尾

祝願式收尾，不僅具有較強的禮節性和情趣性，而且還具有極大的鼓動力。如果再加上適當的口語修辭，它的效果一定會非常顯著。如：「再見吧，路上保重。祝你一帆風順！」「時間不等人，生活就是努力，抓緊時間，就等於延長生命。我祝福你是這樣一個人，再見！」

三、道謝式收尾

這種收尾方式在交談藝術中具有較強的禮節性，它的基本特徵是用講「客氣話」作為交談的結束語和告別話。道謝適用的場景和對象是最廣泛的，無論是上下級、同事、親朋還是熟人、鄰舍以及初交者之間都是適宜的。譬如：在同事相互間的思想啟迪性交談即將結束時，從談者可用「聽君一席話，勝讀十年書」、「你對我學習上的幫助和生活上的關懷，讓我感激不已」、「在您的悉心指導下，我明白了自己的責任，我一定按您的指教去做。謝謝您了，再見！」結束。

四、徵詢式收尾

交談完畢，主談者根據自己的交談目的與交談後的吻合情況向對方徵求意見、說明、要求或建設性的忠告、勸誡等等，這就是徵詢式收尾。譬如：「宋先生，隨著我們接觸的增多和瞭解的深入，你一定察覺出我有許多缺點，你覺得我最糟糕的『毛病』是什麼？希望你下次開誠佈公的提出來。」

當你與陌生下屬交談工作結束時，你應該說：「你還有別的什麼要求和意見嗎？」「你生活上還有什麼困難和要求嗎？在能力範圍內，我將全力幫你解決……」下屬也應同樣徵詢對方：「除了工作之外，你對我還有其他意見和看法嗎？如果現在想不起來，日後儘管提，我是不會計較別人對我提意見的……」

五、歸納式收尾

這種收尾方式，通常在陌生人之間非形式性交談中使用。譬如：「麗婷，聽了妳的情況介紹後，我覺得問題的關鍵是第一點，我們是做他人思想工作的，如能統一人心，其他問題也就迎刃而解了……」

歸納式收尾，由於條理清晰，中心突出，重點再現，這樣對方交談的目的和內容，雙方的思想和意見就能清楚交流，收到言簡意賅、重點突出、明朗爽快的效果。

六、邀請式收尾

邀請式收尾的基本特徵是運用社交手段向對方發出禮節性邀請或正式邀請。前者的效用體現了「客套式」所需的禮儀；後者則表現了友誼的生命力。

「客套式」邀請：「如果您下次經過高雄，請到我們家來做客。再見！」

正式邀請：「今天我們就談到這裡吧，星期三晚上六點請你到我家吃頓便飯，那時我們再長談。再見！」

以上這兩種邀請式收尾語，在社交場合與陌生人講話是必不可少的。「客套式」邀請也是一種禮節；正式邀請更是一種友好和友誼的表示。運用這種結束語，定能贏得陌生人最大的贊同。

語言大師 精華提要

與陌生人交談的結束語的表達方法多種多樣，只要我們能夠駕馭情境，正確審視對象，選擇正確、得體的話語，交談結束時，不僅會非常得體、有趣，而且還會餘韻猶存，感人至深。

PART 2

撕掉對方的偽裝
讓他對你說真話

01 組合式發問，問出對方的真意

謊言是根浮木，早晚會被沖海岸。

——阿爾巴尼亞諺語

很多時候，我們想透過自己單一式的直接問話看透別人內心的真實想法並不容易。問的過多會讓別人起戒備心，單一的問話有時甚至會讓對方反感。因此，我們需要掌握並靈活運用多種問話方式，如直接發問、肯定發問、否定發問。將它們雜糅在一起，組成「組合拳」，對方就會不自覺地跟著你的思路進行，你也會在這個過程中瞭解對方的心。

甲乙雙方是老客戶，甲最近在公司經營上遇到了些困難，需要大批貨源支援才能渡過難關。今天與乙見面就是為了讓其增加貨源。但乙似乎不情願，雙方都有各自的小心思。

甲：「老兄，最近怎麼樣，還是很忙的嗎？」

乙：「有時忙，有時不忙。」

甲：「嗯，開公司不容易啊，風險隨時都有，忽視了哪一塊都不行，你說呢？」

乙：「是啊，創業都是這樣的。」

甲：「我聽說最近有不少公司在裁員，縮減成本，大家壓力都很大啊，你們公司也這樣吧？」

乙：「是啊，大環境經濟不好，大家都勒緊了褲腰帶過日子，成本不減不行啊。」

甲：「在利潤上做點功夫不行嗎？」

乙：「說的容易，怎麼做啊？」

甲：「在貨源採購上想想辦法不行嗎？」

乙：「貨源採購？這個不好做。產品品質不好的話，怕積壓。品質好了，又怕價格太高，採購不起。為了在短期內度過困境去拿高價錢買貨，成本不還是很高嗎？」

甲一聽，對方原來是擔心這個啊。

甲：「一直這麼拖著，公司怎麼發展啊，正常運轉也會受到影響的。就沒想過用降價的方式銷售產品，薄利多銷？」

乙：「說是這麼說，你降別人也會降，這樣還有得賺嗎？」

甲：「嗯，也是。所以還是要從採購這個根源上下工夫。如果精簡採購途徑，找一個或者集中的幾個貨源商供貨，不就減少了不必要的投入，利潤也會高一些嗎？」

乙：「嗯，說得也是。我明白了，你一直說採購的事，今天找我就是這個目的吧。」

甲：「其實咱們都是老客戶了，我的產品你也應該放心，所以真的希望你好好考慮一下我剛才的話啊。」

乙：「嗯，好的，我一定好好考慮一下，你說得也有道理。」

在上述例子中，甲先用了直接發問的形式詢問了對方的近況，又用肯定問句的形式瞭解對方縮減成本的情況，最後，在否定發問中讓對方就某一問題給予回答。這種多種句式不斷變換的形式，在一定程度上可打亂對方的思維模式，讓他不知道你想問他什麼，同時，避免了一種句式給人的厭倦感和壓迫感。這種問話的絕妙之處在於，它是一種共情心理，按照對方的情緒發展問下去，對方的話匣子就更容易被打開。

正如上面的故事所述，乙本不想增加訂貨量，憑空想像，可能是為了節約成本，倘若甲不旁敲側擊，變換方式地問，他可能也會依照這個思路想下去，而根據這個思路，就不能真正瞭解對方的想法，更不能達到勸說乙訂貨的目的。

語言大師 精華提要

在通常的對話情景中，直接詢問是為了最迅捷的感受對方的反應，肯定疑問是讓我們的問話有更多的可信度，而否定疑問則是為了獲得對方肯定的回答和進一步探討下去的可能。

02 抓住關鍵反覆問，挖出對方真話

謊言不管怎樣裝飾，終究掩蓋不住實事。
——古巴諺語

交際中，初次見面的時候，我們與對方都是以寒暄和客套為主，幾乎沒有誰會開門見山地直接開口說出自己的真實意圖。那麼，我們如何在這種情況下撬開對方的嘴巴，瞭解他的真實意圖呢？

這裡跟大家介紹一種方法，就是抓住對方言語的關鍵處，反覆提問，挖出他的真實意圖。一起來看下面的例子，看完後你一定會對這種方法有更深入的理解。

一位面容憂鬱的太太走進一家心理診所，還沒完全坐好就對心理醫生說：

「醫生，你幫幫我吧，我不知該如何是好，都快要精神崩潰了。」

「大太，怎麼了？妳看起來確實不太好啊？」

「我先生每晚都很晚才回家，回家後也不理我，問他做什麼去了，他說是加班，但我有時會聞到他身上有香水味，加班還噴香水？我懷疑他背著我去做什麼見不得人的事。」

「妳說『妳懷疑』？」

「是，我懷疑。他每天都這樣，我受不了了。」

「但是妳確定嗎？」

「醫生，是女人的直覺，女人的直覺你懂嗎？而且在男女雙方之間，只有男人可以有外遇，可以拈花惹草，女人卻不行。」

「妳說『只有男人』可以？我好像聽出了別的什麼意思，妳能解釋一下嗎？」

「這很好理解啊，男人什麼事做不出來？在以前，大家都覺得男人在外邊找女人很風光，但現在不一樣了，男女平等嘛。」

「妳的意思是女人現在可以和男人一樣有外遇了？」

「我不是那個意思，那是氣話。我只是想表達，我先生瞞著我做這種事讓我很生氣，我無法容忍！」

「妳是說如果妳先生告訴妳這件事，妳就會允許他這麼做了嗎？而為了表達妳男女平等的觀念，妳也許也會找別的男人是不是？」

那位太太還想否認，但看到醫生堅定的眼神，也只好不情願地承認了。

故事中的太太和心理醫生是第一次見面，太太是抱著埋怨、發洩不滿的心去的，沒想到，最後竟然被醫生逼問出令人驚訝且不易察覺的真實意圖。他是怎麼做到的：只抓對方話裡的關鍵點，著重提問，就可看出對方端倪。

一開始，醫生也不知道對方的真實意圖是什麼，但是當他聽到「我懷疑」、「只有男人」等字眼時，他就馬上意識到，這是個有企圖心的女人。「我懷疑」反映出她主觀性比較強，只會去臆想，「只有男人」則似乎透著某種「醋意」：只有男人可以，我們為什麼不行？

這句話應該是那位太太的潛台詞，她不敢說出來是因為，她是抱著要醫生出幾條對付丈夫的對策心理來的，根本沒想到自己會出問題。但她可以刻意掩藏自己的心意，在對話中卻無法做到完全的沒有瑕疵，不露馬腳。醫生正是利用了這一點，抓住了對方話裡僅有的一些跡象大加追問，終於逼出了她的心裡話：「丈夫有外遇，我也要。」

不管這是生氣時的想法還是蓄謀已久的想法，歸根結底被醫生問了個正著。女人的心態也由此發生了極大變化：由開始的怨恨，受委屈到後來被說破真心後的愧疚和不安。試想一下，如果醫生在整個談話過程中沒有抓住對方話裡的關鍵點追問不止，而是順著她的話聽下去，問下去，對方的真實意圖還能被挖出來嗎？結果很可能就是否定的了。

語言大師 精華提要

兩個人初次見面的時候，不管對方有著怎樣的身分和地位，也不管他將自己說得多麼悲慘，切不可偏聽偏信，而是要留意對方話裡的關鍵因素。用一種不得結果不甘休的態度問下去，多問幾遍，或許真的能問出不一樣的內心，而這些內容才真的可能帶你走進對方的心。

03 借第三者之名，探出對方真言

實話可能令人傷心，但勝過謊言。

——瓦・阿紮耶夫【蘇聯】

不知道你是否遇到過這樣的情況：同樣一個人，你去問他什麼事情，他就是不開口，但換了別人去問，他就肯開口回答。

我們暫且不討論面子的問題，就針對上述情況，如何巧妙地達到你詢問的目的呢？看了下面的故事，你便可以清楚地找到答案。

世元是剛上班不久的職場新鮮人，這一天因為工作需要，他得向另一個部門的齊主任詢問某個專案的進展情況。世元想了半天也不知道怎麼開口，畢竟自己是新人，直接問上級某些事顯得不恭敬，但是專案的事今天必須得問清楚，所以世元就只好硬著頭皮去了。

「齊主任，有件事想問您一下，您現在手頭上的這個項目進展得怎麼樣了？」

一看是世元，齊主任就一副愛答不理的樣子，敷衍道：「快了，快了，急什麼？」

「不是我急，是公司急，所以能不能把專案的進度跟我說一下？」

世元一直在小心翼翼地催，齊主任就是一副怠慢的樣子。就在不知如何是好的時候，世元想起了趙經理，就又跟齊主任說道：「齊主任，可能我剛才沒說清楚，是趙經理讓我來問專案的事，他很急，您看能不能跟我說一下？」

一聽是趙經理讓問的，齊主任態度馬上不一樣了。

「噢，趙經理啊，好，好，我跟你說一下。其實也不是故意拖延，只是我也很忙，你知道的。」

「好的，那就麻煩齊主任了。」

「不麻煩，不麻煩。」

剛剛進入職場，跟每個人都會有一種新鮮感和陌生感，這個時期說話就要注意分寸。面對上級，尤其是求上級為自己辦事時要尤其注意。

例子中的世元是個工作不久的新人，他尚未打通各種關係的時候就遇到了一個有些棘手的問題：向一位上級詢問專案的進展情況，即讓他向自己「彙報」工作。按常理來說，專案進展的如何，是由上級問下屬的，這次顛倒就給世元帶來了麻煩。一五一十地問，有可能得罪上級，不詳實地問，又無法完成任務。這真是難倒他了。

一開始，世元只能硬著頭皮去問，但效果不佳，因為齊主任根本不怎麼理他。原因只有一個，他資歷太淺，引不起對方的注意。

當他假裝是趙經理讓他來問的時候，齊主任就變了模樣，突然變得積極、配合。趙經理是自己的上司，他哪敢怠慢呢？在這個過程中，齊主任有一個由極不配合到極配合的心理變化，變化的誘因就是世元搬出了趙經理這張大牌，「一物降一物」，如果不提趙經理，世元可能不會很快得到對方的答覆。

這裡面有一個邏輯：當遇到一些確實難辦的事的時候，不如借他人之口，成自己之事。世元問齊主任工作，是「顛倒」級別。趙經理問，則是順理成章。齊主任最後心理的變化也是因為這個原因。他可以對新人不重視，卻不能對他的上級不尊重，一級壓一級就是齊主任的心思。明白了這點，新人世元將問話策略用在趙經理身上也就不難讓人理解了。

語言大師 精華提要

假借他人之名，雖然是假的，卻不是欺騙，是為了讓產生於工作和生活中的問題儘快解決。俗話說，借帆好遠航，如果自己撬不開對方的嘴巴，不妨找個協力廠商來替自己撬。學會這點，交際中會少去許多麻煩，成功也就更輕鬆了。

04 以言語誘導，使對方落入你的話語陷阱

大家都不聽謊言，說謊的人也就絕跡了。

——貝蒂【德國】

幾乎所有的人在回答問題時，都受到對方發問角度和方式不同程度的影響。聰明的發問者總是預先埋下伏筆，讓對方不知不覺中失誤陷入語言的陷阱。

從前，有一位九十九歲的長者做壽，同村人均來祝賀。村裡有一位愛逞口舌之快的遊手好閒之徒，經常東家一言、西家一語的胡說八道，以致村裡人都討厭他。這次見老者做壽，他又想去混頓飯吃。

所有的來賓還未入席前，這人便對老者鞠躬作揖道：「祝您老人家長命百歲，希望我明年能祝賀您百歲大壽。」

老者馬上說：「好啊！我看你的身體沒什麼大礙，明年一定能來為我祝壽。」這時，所有來賓一齊哄堂大笑起來，弄得這位平時油嘴滑舌的傢伙狼狽不堪，飯也沒吃就灰頭土臉地跑了。

這位老者所運用的語言策略，正是抓住對方語意的模糊性，讓對方不知不覺掉進自己無意中設置的陷阱裡去。此外，有些問題太尖銳，你回答時就要考慮對方的身分和自尊心，不能隨口就說。

最好的方法是答非所問，先誘導對方犯下邏輯上的錯誤。例如你的女友問你：「我長得漂不漂亮？」你該如何回答呢？如果你是不喜歡隨便恭維人的人，而你的女友又非漂亮之人，你不妨考慮一下再說：「要是妳的鼻子再挺一點，眉毛淡一點，嘴唇性感一點，就是閉月羞花之貌，沉魚落雁之容。」這樣的回答，既點明了女友的不足之處，又不會使她生氣。

法庭上的審訊就經常出現這種情況，法官往往會這樣問嫌疑犯：「你是否已經停止毆打被害人了？」如果回答「是」，則表示你曾經毆打過受害者，如果你回答「不是」就表示你還在對被害人進行人身傷害。事實上你或許根本沒有傷害別人，但法官的提問中不知不覺隱含了一個前提即「你曾經毆打過受害者」。這種說話技巧，就是典型的誘導策略。

一名餐廳經理發現服務員詢問顧客「是否要吃雞蛋」的效果不太明顯，於是他要求服務員換個方式徵詢顧客的意願。最後，服務員改成問顧客：「先生，您要一顆雞蛋還是兩顆雞蛋？」大多數顧客都會擇一而答，這樣一來，雞蛋的銷量大增。

又譬如有位朋友在你家作客，你不知道他是否要留下來吃飯，想明白地問一聲又怕為難朋友，此時不妨問：「今天想吃什麼？是中菜還是西餐？」

語言大師 精華提要

用這種策略發問時，要注意對方的年齡和身分以及文化修養與性格特徵，有人為人熱情爽快，有人性格內向，有的馬馬虎虎，有的謹慎小心。每個人的性格不同氣質必然相異，如果沒有考慮這些條件而隨便發問，便會有意外的狀況發生。

05 用按兩下模式套出對方的話

謊言不能持久。

——德國諺語

當你想與對方接觸並建立關係時，提出的要求或邀請是否常被拒絕？那種被人拒絕的尷尬局面是否還歷歷在目？

以百貨公司為例子來說，前各大行銷顧問公司都知道，第一線的業務或服務人員在推廣產品時，絕不能問消費者要什麼，而是要問：「A套餐和B套餐你想要哪一種呢？」這種按兩下模式的問話，平均能提高五到六成的銷售率。

有顧客在賣場裡走來走去，選購西服，從外表看起來這位先生並不是那麼想買，似乎只是到處閒逛，只是隨便問問價格而沒有強烈購買意願。

這時，經驗老到的銷售員會微笑著靠近，輕聲問：

「您的氣質蠻適合藍色系和綠色系的，您要找哪一種色系的？」

「喔！真的嗎？那……看看藍色系的好了！」

「這個款式是現在最流行的樣式，保證物超所值，而且和你的氣質也很相稱。你喜歡嗎？」

售貨員這樣的問法，絕對比你問：「您要怎樣的款式？」「您的預算有多少？」來得有效果。因為，你要顧客講款式實在太抽象；你要顧客直接談預算，又太沒禮貌。如果顧客接受了你的選擇題，接著，就可以選出二、三套較符合顧客的衣服給他看。

只要你一直用這招，通常顧客就不容易有退路了，絕不要用「你感覺如何？」的方式來問，這樣會使對方有推託或脫身的藉口，因為你這樣問，人家只能回答「嗯！不錯」或「還好」。

原則上，只要懂得運用按兩下模式問話，在資深銷售員的攻勢下，顧客通常都會不假思索地完成交易。你大概也有過原本並不打算要買什麼的，卻莫名其妙買了自己用不到東西的經驗吧！

下面是一個不讓對方有機會說「不」的技巧——「按兩下模式」的會話策略，讓你在與他人交往時得心應手、左右逢源。

如果對方的腦中已經決定說「不」，要再讓他回心轉意就很困難了，就算你再怎麼努力，都沒有用了。

A：「今天可以跟你約會嗎？」

B：「不，我沒空」

A：「一起喝杯咖啡如何？」

B：「我真的沒空。」

A：「什麼時候有空？」

B：「還不知道。」

像這種邀約的方式，讓對方的腦中有出現「不」的機會，也就是讓對方的思緒進入了如何拒絕的模式。但只要我們用「按兩下模式」的會話術，就可以讓對方不再說

「不」，進而輕鬆邀約到對方。

A：「我們去吃飯還是去喝杯咖啡？」

B：「可是我沒空。」

A：「那麼就去喝杯咖啡吧？」

B：「嗯，喝杯咖啡倒還可以。」

被詢問「哪一種好」時，如果回答「不」，顯然有點答非所問，因此對方的頭腦裡不會出現「不」的念頭，態度就會稍微鬆懈下來，容易有「噢，只喝杯咖啡還可以，也就二十分鐘的事情」的想法。

語言大師 精華提要

按兩下模式在銷售的過程中是個很好的方法，銷售員適當運用可以緩和顧客的抵抗情緒，便於成交。

06 戳對方的痛處，逼對方主動開口

寧要實話粗一點，不要謊言像得很。

——英國諺語

奧地利精神分析學家佛洛德精神認為，人的內心世界天生有逆反心理。有時一句話反向說，可以促成對方下舉措，其中的奧妙就在於心理世界和情感世界的倏然變化。人們生活在各種複雜的矛盾關係體中，一個人如何考慮問題完全由自己的是非判斷和情感好惡決定的。

三國時期的劉備，憑著「禮」求來了軍師諸葛亮的才能智慧，後來又憑著「義」求得了關羽、張飛的忠肝義膽、生死相隨，為他打天下立下了汗馬功勞。

西元二〇八年，劉備被曹操打得落花流水，逃至樊口，勢單力孤，除與盤踞江東的孫權聯手以沒有他途。諸葛亮自薦要求過江說服孫權，他便很好地應用了激將法。

諸葛亮是怎樣打動孫權的呢？此時的孫權年僅二十六歲，年輕氣盛，自尊心很強。諸葛亮見到孫權就說：「如今天下大亂，將軍在江東舉兵，劉備在江南集結，目的都在與曹操爭奪天下。眼下曹軍勢如破竹，威震天下，空有英雄氣概對他是無可奈何的。加上劉備之軍漸漸敗退，將軍您宜早做出應對，好生斟酌才對。如果貴國的軍力能夠與曹操對抗，就即與他斷交；如果無力與其對抗，那乾脆就迅速解除武裝、俯首投降算了。可依我看來，將軍似乎在表面上要服從曹操，其實內心裡很是猶豫不決。目前，形勢已很急迫，沒有多少時間讓您猶豫了，希望馬上定下主意，否則後果不堪設想。」

孫權愣了一下，反問道：「照你說的形勢如此嚴峻，那劉備怎麼不趕快投靠曹操呢？」

諸葛亮回答說：「大王您看走眼了！齊國壯士田橫您該知道，他在道義上不能投靠漢高祖，寧可自己結束自己的生命。而劉備是漢室後裔，具有英雄資質，目前雖然困頓，仍有八方壯士慕其英名，源源投奔而來。起兵抗曹，天之所命，至於事成與不成，只有靠天命決定。豈可向曹軍投降呢？」

孫權聽後大叫一聲：「我擁有吳國十萬大軍，承父兄之業，更豈可輕易言降？」

孫權雖然大叫不降，其實內心也很不踏實，於是又向諸葛亮問道：「現在這種情況，除了劉備之外再找不到能與曹操作戰的軍隊，可劉備最近連吃敗仗，不知是否有軍力與其再戰？」

諸葛亮早有準備，冷靜地分析形勢給孫權聽，打消了他的不安。諸葛亮說：「劉備確實吃了敗仗。但現在兵力不少於一萬。而曹操之軍雖眾，但長途遠征疲憊不堪。這一次為了追擊我們，曹軍的騎兵一晝夜竟跑了三百里，這就像古人說的，『強弩之末勢不能穿魯縞』。再者，曹軍北兵不慣水戰，我方佔有地利；荊州之民雖然表面上服從曹操，內心卻是時時準備反抗。如果將軍集精兵猛將與劉備之軍配合，聯手作戰，一定會擊敗曹軍。天時地利俱在，剩下的只看將軍您的決斷了。」

利用對方的逆反心理，讓對方主動開口，也要在道義的範圍內。中國傳統道德文化中有一個重要的方面，就是重視人的品德修養，講求道義、氣節。對於義，每個人都有自己的衡量標準，在每個人的心中都有一面旗豎在屬於做人道德的領地上。利用人的逆反心理激之以道義，恰恰就是去觸及對方的內心深處，讓他認為求助者「求助」的實質是道義的行為。

語言大師 精華提要

利用逆反心理，反向激將重在人的心理戰，讓人在某種情緒衝動和鼓動之下做出毅然的舉措。最有效的方法就是戳別人的痛處，因為戳到對方痛處能激發對方辨事的巨大力量。「激」，確切地說，就是要從道義的角度去激對方，讓對方感到不再是願不願意去做，而是必須去做。

07 抓語言裡的漏洞，洞悉對方是否撒謊

泥人經不起雨打，謊言經不起調查。

——日本諺語

女人到底有沒有撒謊，她撒謊時有怎樣的表現，對於男人來說，是個極其難回答的問題。

因為女人說話本來就晦澀難懂，她們往往會掩飾很多，撒謊時尤其如此，面對這種狀況，男人就要學會仔細揣摩女人的話，一旦發現蛛絲馬跡，切不可錯過，問到底，才可問出她的真實想法。

男主人剛剛出差回來，有些悶悶不樂的一個人待在家裡。幾天前他聽說自己的妻子做了對不起自己的事，他就匆忙結束出差回到家來，而妻子果然不在家。他不知道妻子去哪了，也不知道朋友告訴他的事是不是真的，一切都還不確定，他想跟妻子談談。大概半小時後，妻子回來了。

男：「去哪了？」

女：「去了一個朋友那裡。」

男：「去朋友那了？幹什麼去了？」

女：「也沒幹什麼，跟她在她家附近的一個美容院，花一個小時做了頭髮，然後又吃了頓飯，剛吃完飯就接到你的電話了。」

男：「記得這麼清楚，你以前好像沒有這麼好的記憶力。我這幾天不在家過得怎麼樣？」

女：「你不在家我過得怎麼樣？還是那個樣子啊，我不是天天都盼著你回來嗎？」

男人微微一笑：「竟然會說甜蜜的話了，以前要妳說都不說，現在怎麼這麼主動了？」

女：「哪有，別瞎猜，你是不是聽到什麼風言風語了？」

男：「風言風語？那倒沒有。只是覺得我不在家妳可能會無聊吧？」

女：「還好，無聊了可以去找朋友。」

男：「哪個朋友？」

女：「哪個？哦，是……是……」

男：「朋友住得遠嗎？」

女：「有點遠的，開車也要一個小時吧。」

男：「這麼遠，那你剛才怎麼那麼快就回來了？」

女：「我們剛才是在別的地方。」

男：「你不是說是在他家附近嗎？我打了電話後妳半個小時就回來了，而剛剛還說到他家至少要一個小時，這怎麼解釋？」

女：「這……我說錯了，可能沒那麼遠……」

男：「還撒謊？是想瞞我到什麼時候？」

女：「我，唉……」

故事男主人公抓住了妻子朋友住的遠近這一點問了個究竟，到底是半個小時還是一個小時的車程不是重點，重點是，這是妻子剛剛做過的事，剛剛做過都無法記清，能不讓人懷疑嗎？從來不說甜言蜜語的人也開始說了，而且是主動為之，是恭維還是掩飾心虛？此時，妻子的內心已經發生極大變化，從開始的極力掩飾，到後來的拖延和被迫承認。密不透風的女人心事就這樣暴露無遺。

在整個對話過程中，丈夫沒有暴跳如雷或者怒不可遏，基本上保持平和的心態。這種心態使他能在與妻子的對話中捕捉到對方話裡細微的漏洞，如果直接質問對方很可能適得其反，妻子會掩飾的更深，也更不易被發現。

而且，要記住的是，當一個人撒謊的時候，往往會重複對方的話。

「你昨天做了什麼？」

「你問我昨天做了什麼？我想想啊。」

重複的過程實際就是編話的過程，他在給自己時間想對策。而故事中的妻子也用了這種方法。同時，撒謊的人記憶力會突然「好」起來，當你問他曾經做過什麼的時候，他會準確無誤非常翔實地說出來。你可能會感到驚訝，其實，他早已在見面之前將可能會被問到的問題想好答案，只等你問，她就會回答你。

所以，當想去判斷一個女人到底對自己是否忠心或者有沒有撒謊時，只要透過抓她語言裡的漏洞，輔以觀察有無突然間的變化，就可將她看得明明白白了。

語言大師 精華提要

任何人都會撒謊，為了不同的目的，也會得到不同的結果。在婚姻中，無論男女更不可避免地會出現互相說謊的情況。那麼，學會識破謊言並恰當對待、巧妙處理便成為經營婚姻的重要一課。

08 製造「機會」，讓說謊者自露破綻

生命不可能從謊言中開出燦爛的鮮花。

——海涅【德國】

一般來說，謊言主要有兩種，一種是掩蓋和隱藏，另一種是編造和篡改；前者不容易被識破，而後者卻很容易露出破綻。因為編造和篡改的情節都是無中生有的，並非是說謊者親身經歷的，所以不會留下深刻的印象。那麼，當說謊者不斷重複謊言時，難免會出現自相矛盾的地方，只要我們留心觀察和分析，就很容易識破謊言。

唐朝初年，李靖擔任岐州刺史時，有人向當朝者告他謀反。唐高祖李淵派了一個御

史前往調查此事。御史是李靖的故交，深知李靖的為人，他心裡很清楚李靖是遭到了奸人的誣陷，因此便想辦法要救李靖，替李靖洗清不白之冤。於是便向皇帝請旨，請告密者共同前去查辦此案。皇帝准奏，告密者也高興地答應下來。途中，御史假說檢舉信遺失了，觀察告密者以後的動作反應。

御史佯裝害怕的樣子，不停地向陪伴的告密者說：「這可如何是好！身負皇上之託，職責所在，卻丟了重要證據，我可真的難辭其咎啊！」說著，御史便發起怒來，鞭打隨從的典吏官。他的舉動使告密者確信檢舉信已經遺失。

御史無奈地向告密者請求：「事已至此，只好請您重寫一份了。否則，不僅我要擔負不能辦成查訪之任的罪責，您的檢舉得不到查證，就沒辦法讓皇上論功行賞了？」

那人一想，趕緊去重寫。根據想像，又憑空捏造出一份來。御史接到信件，拿出原信一比較，只見大有出入：除了告李靖密謀造反的罪名一樣，而所舉證據都換了模樣，細節更是大相徑庭，時間、人物都難以對上號，一看就知道是胡編亂造的誣告信。

御史笑笑，立刻下令把告密者關押起來。隨後拿著兩封檢舉信趕回京城，向唐高祖稟告原委。唐高祖大為震怒，竟然有人敢誣陷大唐的開國元勛，一氣之下殺掉了誣告人。

上述整件事情的峰迴路轉，完全都要歸功於御史巧妙地引出說謊者前後不一的證據，成功地揭穿了誣告謊言，懲治了撒謊者。

事實上，這種方法破除謊言十分有效，不只是因為臨時遺忘而編造另外的謊言能使人抓住自相矛盾的地方，即使有很充裕的時間來準備，說謊的人很謹慎地編造了台詞，但假如他不夠機靈的話，他也無法預期對方反問的所有問題，仔細想好所有的答案；而且，就算說謊的人很機警，當時的情況也會引出突發事件，本來說詞是可以騙到別人的，但是一旦發生這種突然的改變，就會令說詞出現漏洞。因此，我們就要為說謊者創造這樣的「機會」讓他的謊言露出破綻。

語言大師 精華提要

人只要說謊了，就很難不留下破綻，我們只要細心留意觀察，終究是可以從說謊者身上找到的。這時，只要抽掉謊言賴以成立的支撐點，即可讓謊言無所遁形。

09 將計就計，順勢破謊解危

漁網遮不住陽光，謊言騙不過眾人。

——古巴諺語

如果把謊言也看成是具有危害性的力量，當它向我們施展它的危害和威力時，我們同樣可以借用武術中借力使力的技巧化害為利，使對方的謊言成為制伏對方的絕妙手段。甚至，讓自己轉敗為勝、轉危為安，變被動為主動。這種辦法在戰爭和其他一些存在著激烈競爭的場合被頻繁地使用，人們把它叫做「將計就計」。

魏文侯時，西門豹為鄴令，初到轄地，免不得各處走訪。在訪問老人的時候得知這裡每年為河伯娶妻給老百姓帶來的苦難。河伯是漳河的神，地方上管事的人串通巫婆，每年藉著給河伯辦喜事以減少水患的名義，強迫老百姓出錢。他們每年從老百姓身上搜刮數百萬錢，僅用二、三十萬為河伯娶妻，其餘的就坐地分贓。

光撈錢也就罷了，他們還以為河伯娶妻的名義殘害少女。誰家的女兒年輕、漂亮，巫婆就帶著人到哪家去選，有錢的人花點錢也就逃過了，沒錢的可就遭殃了。他們在河上紮起齋宮，佈置舉行儀式的大場地，將弄來嫁給河伯為妻的少女放入河裡的齋宮。選好一個日子，就將載著少女的齋宮放入河水中漂走了，行數十里而滅，顯然少女溺水而死。老百姓也習慣了這一套，以為真的有什麼河伯，年年藉此看熱鬧。所以，好多有女兒的人家都跑到外地去了，這裡的人口越來越少，地方也越來越窮。

西門豹得知了這一情況，便有了主意，說等到那天也去送河伯的新娘子。

河伯娶妻那一天，各種人物都來了，圍觀的群眾數千人。西門豹首先拿太巫開刀。那是個七十歲的老女人，帶著十個女弟子。西門豹表現得彷彿比那些人更熱心，說：「這個新娘子不太理想，請妳去跟河伯說說，讓他等幾天，我們再選個好的送去。」接著不由分說，讓兵卒將那個老女人扔進了水裡。

過了一會兒，他又說，怎麼去了這半天還沒回來？再讓人去催吧。於是將太巫的女弟子扔了一個。過一會兒，就再扔一個。連扔了三個了，西門豹又說，可能去的都是女人，不會辦事。便挑了些地方管事的扔到河裡。

一連扔了好幾個了，畢竟都是怕死的傢伙，剩下的怕被扔進河裡，馬上跪下磕頭，懇求大人饒命。眼見為惡的人已經被制伏，老百姓也受到了教育，收到了預期的效果，西門豹這才說，河伯說了他不再娶婦了。

後來，他發動老百姓開鑿了十條河渠，把河水引入田裡，灌溉莊稼。從此，鄴地年年豐收。

這是一個典型的「將計就計」揭穿謊言的例子。西門豹作為地方官，為了讓人們相信他也尊重他們的習俗，效仿那些行迷信的人們，也一本正經地假戲真唱，作為一方父母官，他必須讓謊言不攻自破，必須讓那些以迷信愚昧老百姓的人原形畢露，才能達到根除惡習的效果。

假如他事先就去搞什麼破除迷信的宣傳，絕不會有人相信，老百姓也不會站到他這一邊，反而使自己陷入被動的局面。於是西門豹就將計就計把他們一個個除掉，這是開刀問斬都難以達到的效果。

「將計就計」最關鍵的兩個環節，第一是識破對方的謊言，第二是讓對方相信自己已被他的謊言騙住了。這樣，才可能行使計謀。如果不能識破對方的謊言，抓住主動，「將計」就無從談起；如果不能使對方確信自己已經受騙，對方就會起防備之心，「就計」也無從實施。

語言大師 精華提要

識破對方的謊言固然需要智慧、需要機敏，但稍微具備防騙意識和警惕性的人幾乎都可以做到。困難在於如何裝出一副已受騙的模樣來，這是將計就計的關鍵。那種大智若愚、心中有數的境界，不是輕易就能達到的，它需要更加周密的思考、精心的策劃、巧妙的掩飾與裝扮。這對一個人的心志提出了更高的要求。

PART 3

怎樣說才能避免與別人爭吵

01 別對另一半說「隔壁老王比你好」

誰家的煙囪都冒煙。

——俗語

俗話說得好：「誰家的煙囪都冒煙。」即使最恩愛的夫妻，也難免發生爭吵。一般口角，吵過之後也就完了，但如果爭吵起來不加控制就可能激化衝突，引出意想不到的壞結果。所以，夫妻爭吵有必要控制好「度」。

有的夫妻爭吵時，喜歡把過去的事情扯出來，翻舊帳，歷數對方的「不是」和「罪過」。這種方式是很愚蠢的。夫妻之間的舊帳很難說得清。如果大家都翻對自己有利的那一頁，不但無助於解決眼下的矛盾，而且還容易把問題複雜化，讓新帳舊帳糾纏在一起，加深怨恨。夫妻爭吵最好「打破盆說盆，打破罐說罐」，就事論事，不前掛後連，這樣處理問題，才容易化解眼前的矛盾。

有的夫妻爭吵時，不但彼此指責，而且可能把對方的父母、親屬也扯進來。如說：「你和你爸一樣不講理！」「妳和妳媽一樣混帳！」等。如此把爭吵的矛頭指向長輩是錯誤的，也是對方最不能容忍的。

一般說來，夫妻雙方十分清楚對方的毛病和短處。比如，對方存在生理缺陷，個子小，不願生育，或有過失足等。在平時，彼此顧及對方的面子而不輕易指出。可是一旦發生爭吵，當自己理屈詞窮、處於不利態勢時，就可能把矛頭對準對方的短處，挖苦揭短，以期制服對方。有道是「打人莫打臉，罵人不揭短」，任何人都最討厭別人惡意揭短，這樣做只會激怒對方，擴大矛盾，傷及夫妻感情。

有的夫妻爭吵時，總愛拿別人家的丈夫、妻子作比較，來貶低自己的丈夫或妻子：「你看看人家老王，有手木匠活多好，光是每月給別人做幾個大櫃，就好幾萬塊了。」俗話說：「人比人，氣死人。」要是對方接受數落，吞下這口氣倒也罷了，就怕對方敬你一句：「你覺得他（她）好，怎麼不跟他（她）呀！」長此下去，夫妻關係必然產生裂痕。

總之，夫妻爭吵只要掌握好了「度」，才能為和好時留下餘地，才能「雨過天晴」，和好如初。爭吵時不能罵人，帶髒字；不要揭對方的短處；不能涉及對方的親屬。即使在盛怒之中，也要為和好留下退路，不要把話說得過死。小倆口打仗，妻子的絕招之一就是抓上幾件衣服或抱起孩子回娘家。此時丈夫如不冷靜，反而在盛怒之下火上澆油，送上句「快滾吧，永遠不要回來了！」之類的傷人話，情況就會變得更複雜。

如果一方意識到發生矛盾的主要責任在自己，就應主動向對方認錯，請求諒解。爭吵也要有度，最好能把大事化小，小事化無。

語言大師 精華提要

夫妻爭吵時不求勝利，只求溝通。夫妻吵架不必爭誰是誰贏，只要在吵架中把自己心中的不滿「吵」給對方就夠了。所以，你勸架時只要注意不令其衝突激化即可。

02 他人故意製造矛盾，不爭是最好的回擊

酒以不勸為飲，棋以不爭為勝。

——普濟【唐】

面對矛盾，許多人會用強力去爭。但如果對方比你還強，你用強人亦用強，結果就難以預料了。實際上，低頭不單是緩和矛盾，也能化解矛盾，而爭只有在極端的情況下才能解決矛盾，但在多數情況下只能是激化矛盾。在很多事情上，退讓一些，讓自己和別人都過得去，產生矛盾的基礎不復存在，矛盾自然就化解了。彼此能夠相安，離禍端就遠了。

在一次盛大的宴會上，有一個平日和卡內基在生意上就存在競爭的鋼鐵商人大肆抨擊卡內基，說了他許多的壞話。

當卡內基到達而且站在人群中聽他高談闊論的時候，那個人還未察覺，仍舊滔滔不絕地數落卡內基。害得宴會主人非常尷尬，他生怕卡內基會忍耐不住，當面加以指責，使這個歡樂的場面變成了舌戰的陣地！可是卡內基表情平靜。

等到抨擊他的那人發現卡內基站在那裡，反而感到非常難堪，滿臉通紅地閉上了嘴。他正想從人群中鑽出去，卡內基卻真誠地走上前去，親熱地跟昔日的對手握手，好像完全沒有聽到他在說自己壞話似的。

他的競爭對手臉上頓時一陣紅一陣白，進退不得。卡內基為他遞上一杯酒，使他有機會掩飾一時的窘態。

第二天，那個抨擊卡內基的人親自來到卡內基的家裡，再三向卡內基致謝。從此他變成了卡內基的好朋友，生意上也互相支持。自此後，這個人常常稱讚卡內基，認為他是個了不起的大人物，使得更多朋友都知道卡內基是多麼和藹的人，進而更加親近、尊敬他。

卡內基受到對手的侮辱也不在乎，相反的還示以友好，拿出誠意，而使雙方獲得了交流，贏得了友誼。卡內基和他的競爭對手的交情是一種「不打不相識」的交情，其中有寬恕，有懺悔，有慷慨的義氣，有豪爽的俠情。

當你面對矛盾忍不住與人爭吵而樹立了一個敵人的時候，你所得的將不只是一個敵人，你在精神上所受到的威脅將十倍、百倍於他實際上給你的威脅。而你用高尚的人格感動了一個敵人，使他成為你的朋友的時候，你所得到的也將不只是一個朋友，你在精神上所感受的歡樂和輕鬆也將十倍百倍於他實際上所給你的。

語言大師 精華提要

我們在生活中有時會遇到惡意的指控、陷害，或者與人爆發矛盾而爭吵，更經常會遇到種種不如意。若因此大動肝火，結果只會把事情搞得越來越糟。而如果能很好地控制住自己的情緒，懂得隱忍，泰然自若地面對各種刁難和不如意，在生活中就能立於不敗之地。

03 用微笑加軟語澆滅對方的怒火

微笑是陽光，它給人溫暖；友誼是春風，它伴著撫慰；愛情是火焰，它鍛造永恆。
——巴特爾【英國】

某班機上有兩位金髮女郎，人雖然漂亮可是一上飛機就態度蠻橫，百般挑剔，說什麼機艙裡有怪味，座位太髒，甚至還用英語爆粗口。儘管如此，空姐還是面帶微笑地為她們提供周到的服務。

飛機起飛後，空姐開始為乘客送飲料、點心。兩位女郎點了可樂，沒想到還沒喝，兩位就開始抱怨開了，說可口可樂味道有問題。幾句話沒說完，其中一位越說火氣越大，竟將可口可樂潑到空姐的身上，濺得空姐滿身都是。

空姐忍著怒氣，最後還是面帶笑容地將可樂的瓶子遞給她們看，說：「小姐，您說得很對，這可樂可能是有問題。但這可樂是貴國的原裝產品，也許貴國這家公司的可樂都是有問題的，我很樂意效勞，將這瓶飲料連同妳們的芳名及在貴國的地址一起寄到這家公司。我想他們一定會登門道歉的。」

兩位女郎目瞪口呆了。她們知道這事鬧大了，說不定回國後這家公司會走向法庭，告她們誣毀公司名譽。在一陣沉默之後，她們只好賠禮道歉，說自己太過分，並誇獎空姐的微笑是世界一流、無可挑剔的。

面對兩位女郎的無禮刁難和莫名怒火，這位空姐始終保持著優雅的微笑和得體的語言，並在一番笑聲中點中了對方的要害之處，讓對方不得不停下自己的無禮言行。記住：在怒火面前，微笑永遠是最溫和並且也是最有力的武器。

語言大師精華提要

在怒火中放縱，無異於燃燒自己有限的生命。人生苦短，值得我們用心去品嘗的東西實在太多，耗費時間和精力去生氣，可以算是真正的愚行。其實，人生多一點豁達，多一點寬容，多一點感悟，多一點理性，憤怒的情緒便化為虛無。

04 用邏輯誘使對方自我否定

談話有一種魅力，就像愛情和醇酒，神不知鬼不覺地就能誘使我們說出自己的祕密。

——塞內卡【古羅馬】

有一次，美國的一位機電銷售員與某公司的經理談關於電機的貿易，這位經理拿起產品介紹書看了一下突然變了臉色，把介紹書順手一扔還給了銷售員，並勃然大怒地說：「你們公司售出的這種牌子的電機太差了！上次差點把我的手燙壞了！」

推銷員聽了並沒有與對方辯論，而是微笑著說：「經理先生，如果真是這樣，那我不僅應該向您道歉，還應該幫您退貨。」

接著他開始提問：「當然，任何電機工作時都有一定程度的發熱，只是發熱不應超過全國電工協會所規定的標準，您說是嗎？」

「是的。」

推銷員又問：「按國家技術標準，電機溫度可比室內溫度高出七十二度，是這樣吧。」

「是的，但你們的電機溫度太高了，我當時摸了一下，差點兒把我的手燙壞了！」

推銷員說：「那太對不起了。不過我想請問一下，您車間裡的溫度是多少？」

「大約七十五度。」

推銷員明白了，笑著說：「這就對了，車間溫度是七十五度，加上七十二度的升溫，共計一百四十度以上，請問，如果您把手放進一百四十度的水裡，會不會被燙傷呢？」

「那……那……是完全有可能的。」

推銷員說：「那麼經理先生對我們這牌子的電機還有其他什麼意見嗎？」

「沒有了，我們再訂購兩台吧。」

生活中有些人之所以會怒氣衝天，純粹是因為自己的錯誤造成了對別人的誤解和責備。這時你大可不必直言反駁，更不必拍案而起，相互攻擊，事實上，可以使用上面這位推銷員的辦法，引誘對方自己把錯誤揪出來。即先不馬上指出他的錯誤，而是旁敲側擊地提出一些經過構思的問題，誘使對方在回答中逐漸否定自己原有的觀點。當對方的誤解消除了，火氣也就隨之而去。

語言大師 精華提要

一個人的弱點總是在發脾氣的過程中暴露出來的，它往往成為崩潰的前兆。謀略和戰鬥力也會在憤怒的情緒中消散，所以要保持客觀與冷靜的態度至關重要。

05 用高帽讓對方轉怒為笑

渴望受人讚美和欽佩，這是一種無愛的激情，它在那些最不瞭解和最不關心我們的人面前表現得最為強烈。

——柯勒律治【英國】

古時候，一個叫彭玉麟的官員，有一次路過一條狹窄的小巷。一個女子正在用竹竿晾曬衣服，一不小心竹竿掉了下來，正好打在彭的頭上。

彭勃然大怒，指著女子罵了起來。

那女子一看，認出是官員彭玉麟，不禁冷汗直冒。但她猛然間急中生智，便正色道：「你這副腔調，像行伍里的人，這樣蠻橫無理。你可知彭宮保就在我們此地！他清廉正直，愛民如子，如果我去告訴他老人家，怕要砍了你的腦袋呢！」

彭玉麟一聽這女子誇讚自己，不禁喜氣上升，而且又意識到自己的失態，馬上心平氣和地走了。

曬衣女失手掉落竹竿，打在彭玉麟頭上，可說無意卻很湊巧。於是，他大怒而罵，所幸曬衣女尚能認識他，而且能夠急中生智，採用美譽推崇的方式來遏止對方。她裝作不知道對方是誰反而斥責對方蠻橫無理，並且誇彭宮保清廉正直，說向彭告狀會治他的罪。這並非「當面」誇獎，卻勝過當面誇獎，說得彭玉麟心裡樂開懷的：自己在民間居然有這麼好的吏治聲譽，絕不應該為這些許小事而損害形象。幡然醒悟之後，便轉怒為笑，一場眼看要爆發的爭吵就這樣巧妙地化解了。

曬衣女子的這一招的確高明，一頂恰到好處的「高帽」往往能澆滅對方的怒火，因為維護自己在別人心目中的好形象是每個人本能的選擇，在一番恭維話面前，誰還有心情去生氣呢？

語言大師 精華提要

每一個人，面對生活中的各種困惑、煩憂，都應該學會寬容、學會理解、學會忍讓、避免生氣，牢記「氣大傷身」，用寧靜的、博愛的心對待世事是非，煩惱自會遠離。

06 用幽默平息他人的怒氣

一盎司的幽默比一磅的證據，還有說服力。

——歐文【英國】

幽默的語言往往給人以詼諧的情趣，使人在笑意中有所領悟。幽默是緩解緊張、祛除畏懼、平息憤怒的最好方法。

一個可憐的、嚴肅的省議員覺得受到了別人的侮辱，他怒氣衝天，迫不及待地想報復，但一時又找不到什麼方法，結果，他的行為舉止好像一個孩子一樣幼稚：孩子往往會去找老師告狀，要求老師去懲罰他的敵人，這個議員則是去主席那裡申訴。

這個議員找的是麻省省議會的主席柯立芝。這個議員所受的委屈使他相信柯立芝一定會替他當場主持公道的，但是，柯立芝卻以一種非常幽默的方式把這件事解決了。

糾紛是這樣引起的。當另一個議員在做一個很漫長的演講時，這個議員覺得對方佔用的時間太長，就走到對方跟前低聲說：「先生，你能不能快點……」話未說完，那個正在演講的議員便回過頭來，用嚴厲的口氣低聲呵斥他道：「你最好出去。」然後仍舊繼續演講。

於是，這個受了委屈的議員走到柯立芝面前說：「柯立芝先生，你聽見某某剛剛對我說的話了嗎？」

「聽見了，」柯立芝不動聲色地答著，「但是，我已經看過了有關的法律條文，你不必出去。」

這種回答實在是太聰明了。柯立芝把那位議員的憤怒當成了玩笑，他沒有讓自己捲入這種兒童式爭吵的漩渦中，反而用一種幽默的方式中止了這場無聊的爭執。

機智的人不僅善於以局外人的身分化解他人的爭吵，而且更善於打破在與人交往時因發生矛盾而出現的僵局。

有一天，在擁擠喧鬧的商場裡，一位女士憤怒地對售貨小姐說：「幸好我沒有打算在妳們這裡買『禮貌』，不然這裡根本找不到！」

售貨小姐沉默了一會兒說：「妳可以讓我看看妳的樣品嗎？」

那位女士愣了一下，笑了。

售貨員利用自己的幽默維護了自己的尊嚴，並且打破了她與顧客之間的尷尬局面。在把事情弄得很緊張、很嚴重的時候，能從這種白熱化的僵局中看出其中所包含的幽默成分，便可巧妙地避免麻煩和糾紛。如果柯立芝或是那位售貨小姐對於爭吵也採取一種較真的態度，那對於大家又有什麼好處呢？無非是更加激化雙方的衝突。而由於採取了一種幽默的態度，柯立芝便緩解了那種大傷感情的糾紛，那位售貨小姐也巧妙地批評了那位女士的無禮，進而制止了進一步的爭論。

人們為了解決求學、工作、住房、購物等方面的問題，往往要與人交涉。學會在交往中適時地表現幽默，你的成功機率一定會大大增加。

語言大師

精華提要

有時候，怒字當頭的人其實並沒有完全失去理性，只是需要一個台階。這時候，我們運用幽默的方法可以讓其認識到自己的錯誤，還不會得罪對方。對於生氣者來說，這時的幽默是個好台階；對於我們來說，幽默也很好地達到平息對方怒氣的作用。

PART 4

如何才能在為難時刻開好D

01 表態時儘量避開說「是」或「不是」

很多時候不表態已經就是一種表態。

——俗語

在實際的交往中，有時你可能處於主動地位，有時則可能處於被動的位置。在被動情況下接受對方的提問、質疑時，如何回答、如何表態就成為一個十分關鍵的問題，如果有一點不慎，就會造成誤解、洩密或其他不良後果。這時，最好的辦法就是避免表態。但是，直率地拒絕表態是失禮的、不當的。正確的辦法應該是：表態時儘量避開說「是」或「不是」，既要避開表態，同時又不能有損對方的面子，破壞雙方交談的氣氛，還要在國際公眾面前樹立起良好的個人形象和國家形象。以下是常見的避開表態的方法有。

一、話題轉移法

二〇世紀七〇年代的中東戰爭中，基辛格率領美國代表團前往埃及與薩達特總統進行和平談判。會談一開始，薩達特說了幾句寒暄話以後，就讓基辛格看一個「埃及——以色列脫離接觸計劃」。然後，薩達特吸了一口菸，徵求基辛格的意見，要他表態。

根據這個計劃，以色列須大範圍撤離，這是難以辦到的。基辛格不能表示同意這個計劃。但是，會談剛剛開始，而且美、埃自戰爭以來才剛剛開始接觸，這時表態拒絕這個計劃也是不明智的。那麼，可不可以表態說「讓我們就交換條件談談吧」？也不行，在雙方沒有任何基礎的時候來談這個各方都難以讓步的棘手問題，也將是危險的。這時，基辛格就使用了話題轉移法。

基辛格說道：「在我們談論手頭的事務以前，可否請總統告訴我，你是怎樣設法在十月六日那天如此成功地發動了那次令人目瞪口呆的突然襲擊的？那是個轉捩點，我們現在所做的事，從某方面說，是這個轉捩點的必然結果。」

薩達特瞇著眼睛，又吸了一口菸，他微笑了。於是他放棄了要基辛格表態的要求，而是應基辛格的要求講述起來。

基辛格之所以能成功地避免表態，是因為他採用尊重對方的方法來轉移話題。基辛格主動問起那件事是恭維薩達特，確立他的談判地位，證明他不是從軟弱的地位出發來進行談判的，他不是一個低聲下氣的人，他已為埃及取得了談判的權利。總而言之，他恢復了埃及的榮譽和自尊心。

二、玩笑迴避法

在埃及和美國會談結束後，薩達特和基辛格兩人會見了記者。一名記者問薩達特：「總統先生，美國是不是從現在起不再給以色列空運軍用物資了？」

「你這個問題應當向基辛格博士提出。」薩達特回答道。雖然此時他已十分清楚地知道空運即將結束，但他還是進行了迴避。

基辛格立即說：「幸虧我沒有聽見這個記者問的是什麼問題。」

對於空運是否即將停止這個敏感的機密問題，雙方都由於保密而進行迴避，但薩達特用的是轉移視線，而基辛格用的則是「打哈哈」，即說笑迴避。在當時情況下，這兩種方法都是有效的。

因此在遇到一些棘手的事，需要你表態時，要儘量拒絕用「是」或「不是」這樣的絕對性字眼，而要採取措施轉移或迴避表態。

語言大師精華提要

很多時候，我們無法用簡單的「是」與「不是」、「好」與「不好」、「行」與「不行」來表達自己的認可或否定，此時，最好想辦法模糊表態，以免傷害了對方。

02 不想借給別人錢時怎麼說

借錢陪笑臉，還錢似閻羅。

——日本諺語

在人際交往中，借錢本來就是個十分敏感的話題，尤其當好朋友向自己借錢時，那個「不」字就更難說出口了。這時，你可以借鑑下面的幾個方法，讓借錢之人知難而退。

一、嚴肅質問，揭穿老底

小王的一個很久不曾聯繫的高中同學跑來向他「借」錢，聲稱等存款到期了就立刻還錢。

小王聽後啞然失笑，當即毫不留情地說：

「我聽說你現在到處借錢，兩年前你向我們同學輝子借的兩萬元，到今天還沒還，哪可能還有什麼存款來還我呀！」

聽完這番話，來「借」錢的人只好悻悻然地走了。

有些人借錢時喜歡虛張聲勢，不會承認自己沒錢，而是聲稱自己很有錢，只不過暫時拿不到，因為「急用」，讓你暫且「借」一下。對於這種人，你不妨可以根據自己掌握的資訊，毫不客氣地揭穿對方的底，讓對方無法再矇騙過關。

二、提高警惕，辯駁對方

老李的一個朋友來找老李借錢，說生意勢頭很好，只是本錢比較緊張，希望老李能借二十萬元作本錢，並聲稱每月的利息高達五分。

老李是個處事穩重的人，他覺得如此高的利息確實誘人，但利息越高可能風險也越大，於是他心裡開始琢磨這事的可信性。他問對方：

「你借我二十萬元本錢，一年可賺回多少利潤啊？」

「五千元。」沒做準備的對方信口開河，接著又說：「一年期滿後我連本帶利分文不差歸還！」

這下老李嚴肅起來，辯駁道：「你向我借這筆錢，一年的利息高達一萬二，而你利用這筆錢僅能賺五千元利息。那麼，你是專程來為我賺利息的，還是在為你自己做生意的？」

老張的辯駁讓對方啞口無言，只得狼狽而逃。

有些人專會利用大多數人想以錢生錢的發財心理，假借「高利」的幌子向朋友「借」錢，實則是在騙錢。如果你碰到了這種人，一定要頭腦清醒、提高警惕，在心中盤算盤算事情的可信度，當場辯駁了對方，就會讓他的詭計落空。

三、索債轉移，嚇退對方

老張一個朋友不期而至，說是要借十萬元錢去做點生意，老張不想把錢借給他。於是說：「你來得正好！雲飛公司還欠我半年的工資，你跟我一起去要，要回來的你拿去用就是了！」緊接著又說：「不過，那家公司老闆很賴皮，還養著一群打手，很不講理呢！」老張的朋友聞之色變，主動託故離去。

當有人向你借錢，你又不好意思直接拒絕的話，不妨試試這「索債轉移」的技巧，不是你不把錢借給對方，你只是給向你借錢的設置了一個幫你把債務討回來的前提條件，讓對方知難而退。這樣，不僅給了對方面子，又不會使自己吃虧。

語言大師精華提要

借錢在生活中是常見的，當別人向你借的時候，你不好意思直接拒絕，可以找個委婉的方式去拒絕他。你可以告訴他最近手頭緊。比如說：「我最近花了不少錢，實在是沒辦法，如果有的話一定借。」

03 當別人打探你的隱私時該怎樣說

談論別人的隱私是最大的罪惡。

——亞里斯多德【古希臘】

隱私本是一個人內心深處的不願被別人知道的東西，但是在人際交往中，有些人總是會有意或無意地觸及別人的隱私。不管問的人動機如何，一旦被問的人回答不好，很有可能會產生一些不良的後果。

那麼當你面對被問及隱私時該怎樣回答呢？下面的幾種方法不妨一試。

一、答非所問

菲律賓前總統柯拉蓉．艾奎諾，在出席一次記者招待會時，記者問她有多少件旗袍禮服，柯拉蓉．艾奎諾不假思索地回答：「我所有的旗袍禮服，都是第一流服裝設計師奧吉立德羅為我設計的。你知道嗎？她經常向我提供最新流行的服裝樣式。」

別人問數量，她卻回答是誰設計的，這樣回答明顯屬文不對題，然而，那位記者卻知趣不再追問了。

二、似是而非

有一位女名人準備與一位考古學家結婚，朋友問：「妳為什麼會選擇考古學家？」她一本正經地回答：「對一個女人來說，選擇考古學家作丈夫是最明智的選擇，因為這樣一來，她就不用擔心衰老，考古學家對越古老的東西越感興趣。」

似是而非的回答往往讓那些愛探聽隱私的人無功而返，它的奇妙之處就在於聽上去你像是在回答對方的問題，儘管這並不是對方想要的答案。

三、繞圈子

已逝的世界著名男高音歌唱家帕華洛帝生前不願把自己的體重公開，每次，當有人問他現在體重多少時，他都說：「比過去輕。」再追問他過去多重時，他說：「比現在重。」他用的是和對方繞圈子的技巧，繞來繞去，最後對方還是什麼資訊也得不到。

四、否定問題

某著名影星在一次記者招待會上，一位記者問他：「當初談戀愛，你和對方是誰先追誰的？」影星回答：「誰追誰有什麼重要？我們都沒有想過要『追』對方，因為不是在賽跑，一個在前一個在後。我們是夜色中的兩顆星星，彼此對望了幾個世紀，向對方眨著眼睛，傳遞著情意。終於有一天，天旋地轉，我們就像磁鐵一樣吸引在一起了。」

那位影星根本就沒有回答對方的問題，而是一開始就否定了對方問題的前提，即認為兩人談戀愛不一定是一方主動追另一方，隨後便對兩人的愛情作了一個浪漫、精采的比喻。這樣既回答了記者的提問，又沒有透露自己的隱私。

生活中，有人打聽隱私的時候，這不失為一個好辦法，從一開始就否定對方的問題，自然也就不用按照他的提問來回答了。

五、直言相告

有一位女士出差，在火車上和旁邊的一位看起來挺有涵養的男士交談。誰知，談著談著，男士突然話題一轉，問了一句：「妳結婚了嗎？」

女士一聽頓時心生厭惡，於是她態度平和地對那位男士說：「先生，我聽人說過這樣一句話，前半句是『對男人不能問收入』，所以我一直沒打聽你的收入；後半句是『對女人不能問婚否』，所以，你這個問題我是不能回答了。請你原諒！」

有時候，對方打聽你的隱私時，你可以開門見山，指出對方問話的不當，直言相告地表達自己的不滿。

語言大師 精華提要

如果有人用過於唐突的言辭使你受到傷害，或叫你難堪，你應該含蓄以對，或裝聾作啞、拐彎抹角、閃爍其詞，或順水推舟、轉移「視線」、答非所問，談一些完全與其問話「風馬牛不相及」的事，用這種委婉曲折的方法反駁對手，一定會取得奇特的功效。

04 當別人提出不便當眾回答的問題時該怎樣說

多讀一些書，讓自己多有一點自信，加上你因瞭解人情世故而產生的一種對人對物的愛與寬恕的涵養。那時，你自然就會有一種從容不迫，雍容高雅的風度。

——羅曼・羅蘭【法國】

當眾回答某些難以回答的問題確實要頂著巨大的心理壓力。因為嚴詞拒絕回答問題將有失風度，但照實回答也是不可以的。

面對這種難以選擇的境地，可以透過下述方法順利解決。

一、反踢皮球，把難題還給對方

有一次，一位英國電視台記者採訪中國作家梁曉聲。記者老練機智，在進行一些交談後，他突然提出一個問題：「沒有『文革』，可能也不會產生你們這一代青年作家，那麼文化大革命在你看來究竟是好是壞？」

梁曉聲略微一怔，未料到對方竟會提出如此難以回答的怪題。

他靈機一動，立即反問：「沒有第二次世界大戰，就沒有以反映第二次世界大戰而著名的作家，那麼您認為第二次世界大戰是好是壞？」

對於「文革」與產生青年作家之間的關係，一、兩句話是難以說清楚的。如果梁曉聲順著這個思路去回答，勢必陷入尷尬的境地。在此，梁曉聲巧妙地轉移話題，反而把難題轉移到對方自己頭上去了，自己佔據了主動地位。

二、暫退一步，換位思考

一九五六年在蘇聯共產黨第二十次代表大會上，赫魯雪夫作了「祕密報告」，揭露、批評了史達林肅反擴大化等一系列錯誤，引起蘇聯及全世界各國的強烈反響。大家議論紛紛。

由於赫魯雪夫曾經是史達林非常信任和器重的人，很多蘇聯人都懷有疑問：既然你早就認識到了史達林的錯誤，那麼你為什麼早先沒有提過不同意見？你當時做了什麼？你有沒有參加這些錯誤行動？

有一次，在黨的代表大會上，赫魯雪夫再次批判史達林的錯誤。這時，有人從聽眾席遞來一張條子，赫魯雪夫打開一看，上面寫著：「那時候你在哪裡？」

這是一個不便直接回答的尖銳問題，赫魯雪夫的臉上很難堪。他不想回答但又不能迴避這個問題，更無法隱瞞這個條子，這樣會使他更丟面子，讓人覺得他沒有勇氣面對現實。他也知道，許多人有著同樣的問題。更何況，現在台下成千雙眼睛已盯著他手裡的那張紙，等著他念出來。

赫魯雪夫沉思了片刻，拿起條子，通過擴音器大聲念了一遍條子的內容。然後望著台下，大聲喊道：「誰寫的這張條子，請你馬上從座位上站起來，走上台。」

沒有人站起來，所有的人都嚇得心怦怦地跳，不知赫魯雪夫要做什麼。

赫魯雪夫又重複了一遍他的話，請寫條子的人站出來。

全場仍死一般的沉寂，大家都等著赫魯雪夫的爆發。

幾分鐘過去了，赫魯雪夫平靜地說：「好吧，我告訴你，我當時就坐在你現在的那個地方。」

面對當眾提出的尖銳問題，赫魯雪夫不能不講真話。但是，如果他直接承認「當時我沒有膽量批評史達林」，勢必會大大傷了自己面子，也不合一個有權威的領導人的身分。於是赫魯雪夫巧妙地即席創造出一個場面，借這個眾人皆知其含義的場景來婉轉、含蓄地隱喻出自己的答案。這種回答既不失自己的威望，也不讓聽眾覺得他在文過飾非。同時赫魯雪夫營造的這個場景還讓所有在場者感到他是那麼幽默，平易近人。

當不便回答的問題被提出時，往往是雙方都覺得對方的言行不合適，這時，如果採取退一步思考問題的策略，把角色「互換」一下，就能夠很順利地繼續交談下去。

語言大師 精華提要

面對別人不合時宜的提問，我們如果與之針鋒相對，可能不會起到任何效果，反而會讓其變本加厲。這時候保持風度是最好的選擇。接著，再以其他方式回應。

05 面對無理要求時如何說

一個人的快樂，不是因為他擁有得多，而是因為他計較得少。

——證嚴法師

面對無理要求時，盲目答應當然不行，但是一概地嚴厲拒絕，也非最佳解決問題之道，下面的兩種解決方式可以使你既能拒絕對方，又能不惹惱他，是處理這種難題的首選。

一、略地攻心，讓對方主動放棄

一位語文老師，她弟弟因為一場糾紛，被人告上了法庭，而接案的法官恰好是她昔日的得意門生。

一天晚上，這位老師前往學生家，希望他能念在師生的情面上，幫幫她弟弟。法官顯然有些為難，既不能枉法裁判，又不能得罪恩師。於是，他說：「老師，我從小學到大學畢業，您一直是我最欽佩的語文老師。」

老師謙虛地說：「哪裡哪裡，每個老師都有他的長處。」

法官接著說：「您上課抑揚頓挫，聲情並茂。尤其是上《葫蘆僧判斷葫蘆案》那一堂課，至今想起來記憶猶新。」

語文老師很快就進入主題了：「我不僅用嘴在講，也是用心在講啊。薛蟠犯了人命案卻逍遙法外，反映了封建社會官官相護、狼狽為奸的黑暗現實。」

法官接著感歎，「記得當年老師您講授完這一課，告誡學生們，以後誰做了法官，不要做『糊塗官』，判『糊塗案』，學生一直以此為座右銘呢。」

本來這位語文老師已設計好了一大套說辭，但聽到學生的一番話，再也不好意思開口了，自動放棄了不合理的請求。

這位法官用的就是「略地攻心」的技巧，先用一句恭維的話，填平了老師的自負，終拒人於無形之中。

二、用「類比」反駁對方

一家公司的經理在一次業務談判中，受到了另一家公司業務員的頂撞。為此，他氣衝衝地找到另一家公司的經理，吼道：「如果你不向我保證，撤銷上次那個蠻橫無理的工作人員的職務，那麼，顯然是沒有誠意和我公司達成協議！」

這家公司的經理聽了微微一笑，說：「經理先生，對於工作人員的態度問題，是批評教育還是撤職處理，完全是我們公司的內部事務，無需向貴公司做什麼保證。這就同我們並不要求你們的董事會一定要撤換與我公司工作人員有過衝突的經理的職務，才算是你們具有與我公司達成協議的誠意一樣。」先前怒氣衝衝的經理頓時啞口無言。

在這裡，後一家公司的經理就巧妙地運用了類比的技巧。雖然說這兩家公司有很多不同之處，但有一點卻是相似的，即兩家公司對工作人員或經理的處理完全是各公司的內部事務，與和對方有沒有誠意合作無關。該經理就是抓住了這一相似點作比，進而敬告了對方所提要求的過分和無理，表達了對其態度蠻橫的不滿。

語言大師 精華提要

面對對方無理的要求，你可以選擇直接拒絕，不過，這樣做可能會得罪對方。不到逼不得已的情況下，最好還是選用其他相對緩和點的方法。

06 面對過分的玩笑你該如何應對

總有人註定要因某個玩笑而受苦。

——赫茲里特【英國】

玩笑開的過分了時，氣氛往往會變得比較尷尬或緊張，這種情況下，很多人還是希望能保持住自己說話的風度。那麼，該如何應對這種過分的玩笑呢？你可以選擇下面的方法作為參考，以便順利走出困局。

一、借題發揮

某大學中文班開學第一天開了個座談會。首先，學員們一個個作自我介紹。當輪到來自農村的牛力時，他剛說了句：「我姓牛，來自鄉下……」不知誰小聲說了句：「瞧，鄉下小牛進城喝咖啡了！」一下子，許多人都笑起來了。牛力先是一愣，但很快就鎮定下來，說道：「是的，我是來自鄉下的小牛。不過，我進城是來『啃』知識的，以便回鄉下耕耘。我『吃的是草，擠出來的是奶和血』。我願永遠做家鄉的『孺子牛』！」

話音剛落，大家熱烈地鼓起了掌，為牛力精采的講話喝彩。牛力用自己的機敏，順著那位同學過分的玩笑話，引用魯迅的名言，不但擺脫了尷尬的場面，而且表明了自己做人的準則，為自己贏得了喝彩。

當有人對你開的玩笑帶有一定的侮辱性質，而開玩笑的人又不是惡意刁難你的時候，如果你能順著對方的話，再借題發揮一番，反而把他的話變成你用來誇獎自己的話，可謂是一種最機智的選擇。這樣既能避免自己的難堪，又不至於把關係弄僵。

二、誘敵上鉤

集市上，幾個小販擺著麻袋和秤桿，等著收購農民拿來的山貨。一位老農民來到一個商販面前，誠懇地問：「老弟，靈芝菌一斤多少？」老農的本意是問一斤靈芝菌能賣多少錢，小商販見老農兩手空空，以為他是問著玩玩的，就想開開他的玩笑，開心開心。小商販於是答道：「一斤是十兩，你連這都不懂？」旁觀者們哄笑起來，使得老農很尷尬。不過他略一定神之後，開始反問小商販：「你做多久生意了？」

小商販隨口答道：「十年了。」

老農哈哈一聲，臉露譏笑地說：「虧你還是個生意人，人家問你多少錢你卻回答多少斤。我看你像個老生意人，才這麼問的，哪裡曉得你連『錢』都不懂，唉……」

老農故意拖長一聲失望的口氣，這回輪到小商販被人哄笑了。

當有人純屬惡意地開你的玩笑時，你當然需要毫不客氣地回敬，誘敵上鉤就是其中的一種技巧。你要不緊不慢地誘惑對方進入你語言的圈套，尋找恰當的時機，反戈一擊，讓對方自討其辱。

三、反唇相譏

晚會上，一個年輕小夥子邀請一個女子跳舞，由於小夥子比較瘦小，女孩子不願意跟他跳，不但如此，她還非常不禮貌地開了小夥子的玩笑：「我不想跟小孩子跳舞！」

不過小夥子十分聰明，他收回停在空中的手，道歉說：「對不起，我不知道妳懷孕了。」

女孩子的臉一下子紅到了耳根。

生活中一些尷尬的局面，完全是由於別人不敬的玩笑引起，如果你隱忍退讓，只會被人看扁；如果針鋒相對，又會把事情搞僵。這時不妨採用反唇相譏的辦法，把對方開自己玩笑的話返回到他自己身上去，以此為自己爭取主動。

語言大師 精華提要

人際關係是需要溝通的，如果對方的玩笑超過了你的忍耐限度，你也可以直接告訴他你不喜歡他「玩笑」的話，這樣一來，對方勢必會有所收斂。

07 圓場的話該怎樣說

人無笑臉休開店，會打圓場自落台。

——諺語

在劍拔弩張的情況下，怎樣說才能讓氣氛緩和下來，這確定是個難題。我們不妨學一下下面的幾個方面，使圓場的話變得不再難說。

一、善意謊言，營造輕鬆氛圍

一次大學同學聚會，有個男士突然對一位女士說：「當年可是妳主動追求我的，還記得嗎？」這雖然不是一句非常得體的話，可是在這樣的場合下開開玩笑，也無傷大雅。誰知，這位女士心情不好，很生氣地回敬了他：「神經病！誰會追你這樣的人哪？也不看看自己是誰！」大家愣住了，場面頓時冷了下來，沉默讓人難堪。

這時，另一位同學站起來，拍著這位女士的肩膀，說：「小妹，怎麼還跟大學時的脾氣一樣啊？喜歡誰就說誰是神經病。」大家一陣嬉笑，又開始聊起大學時的往事，氣氛重新活躍起來。

在交際中，有些人不合時宜地開玩笑，撞在別人的槍口上，免不了尷尬。為了緩解這種局面，我們可以善意地撒點小謊，為對方的玩笑話添加特定的背景資料，進而將玩笑從有利於氣氛緩和的角度去解釋，最好加上一點幽默的調料或者結合當時的場景說話，為大家營造出輕鬆的氛圍，將話題引開。

二、旁逸斜出，順著對方的心意

有一個調皮的孩子，大年初一那天，一大早便出門找夥伴玩去了。玩到中午時分，才發現自己頭上的新帽子不知什麼時候丟了。於是膽戰心驚地跑回家去，向母親說了一下大概情況。要是在平時發生這種情況，母親一定會大聲斥責他，但當天是大年初一，不能罵孩子，於是就強忍著沒有爆發。

這時隔壁阿姨來她家串門，感覺到了這位母親的火氣和孩子的害怕攪和在一起的異樣的氣氛，一打聽，才知道事情的原委。於是笑著說：「孩子的帽子丟了，這是好事啊，不正意味著孩子要『出頭』了嗎？今年妳一定走好運，有好日子過了。」一席話，說得孩子的母親轉怒為喜，並附和著說：「對，對，孩子要出頭了。」於是大家一陣哈哈大笑，家裡又恢復了祥和喜慶的氣氛。

當雙方因為其中一個做錯了事，而情緒緊張時，把事情往好的方向解釋，順著對方的心意，往往就能化解緊張的氣氛。

語言大師 精華提要

社會是複雜的。我們總會遇到一些不平之事，不公之人，又不能不去表達我們的不滿；對自己親近的人，有時候也需要巧加指責，讓對方明白。但如何表達這種不滿卻有一定的學問，特別是對於一些非原則性的問題，要做到既能表達出對對方的不滿，又不至於破壞和諧的人際關係，確實是不太容易。話裡藏話、旁敲側擊不失為一個理想的武器。

08 男生怎麼向女生提出約會請求

愛情就是感情的直率表白，就是歡樂和痛苦、自我犧牲和高尚、溫柔和力量的結合。

——瓦西列夫【保加利亞】

初次接觸後，想要和女孩子約會，並不是一件很容易的事，因為大多數女孩都會出於害羞和矜持而拒絕邀請，而男生也會因為害怕被拒絕，顏面掃地，通常不肯死皮賴臉地主動去邀請。其實恰恰相反，只要男生主動一些，在言語上略施小計，與女孩約會並非難事。

不管一個女人的內心多麼軟弱，她也不會表露在外，而且「謹慎」、「謙恭」、

「有風度」是婦女傳統美德和本能表現。換句話說，在女性的心中，如要應付男人的誘惑、邀約等，與其不停地去思索，還不如以社會大眾的習慣來順從。

所以，當你要去邀請她時，不要用商量的口氣問她「願不願意……」之類的話，而最好武斷地說：「我們一起去吧……」

雖然女人也有不願意與你同行的時候，但是，如果她想說「不」的話，則多少會給她造成心理負擔，使她對你有一種歉疚感。

然而，你如果用「願意不願意……」這種問法，乍看起來好像非常「紳士」，但事實上卻給了對方說「好」或「不」的兩種機會。不用多說，責任上的分擔，都推給了對方，而女人又不習慣於承擔任何責任，所以警戒心高的女人，為了不節外生枝，乾脆就搖頭對你說「不」了。

「願意不願意……」「要不要……」這種尊重的言辭，被接受的可能性實在太小了，你可能也有這種經驗吧。

相反的，如果你用單刀直入的問法：「我們去吧……」那就大不一樣了。

如果能在你的言辭中加入更多的肯定語氣，勾勒出更多的美好畫面，那對方肯定會怦然心動，最終答應你的懇求。

下面這一段，是一位小夥子煞費苦心地勸說女朋友答應他的邀約的對話：

「妳今天真漂亮，晚上六點鐘我們出去吃頓飯，聊聊天，好嗎？」

「不行。」

「我們應該彼此多瞭解一點。就在六點鐘好了，到時我來接妳。」

「不行。」

「說不定我們可以遇到一個我們喜歡的人，或是一件有趣的事呢！就今晚六點鐘吧！」

「不行。」

「六點鐘見面以後，我們可以吃頓飯，看場電影，然後到咖啡廳去坐坐，我們會有一個非常美妙的夜晚，還是去吧！」

「是嗎？」

「我發覺我越來越喜歡妳，今天晚上一定要見到妳，就六點鐘，我來接妳。」

「那好吧，就六點鐘再見。」

這個小夥子很聰明，肯定加引誘，在這一段邀請中，他表現出了極大的信心，他確信「會有一個非常美妙的夜晚」，美麗的場景描述已經鑽進了女朋友的腦海裡，她不得不最後「束手就擒」。不要害怕太過主動，女生其實恰好希望你再多敲幾次門，多聽幾次邀請的話。只要做到情真意切，百折不屈，一般女生都是不會拒絕你的邀請的。

語言大師精華提要

開口約女孩子，其實很簡單，比如你可以裝作不小心，傳錯了一則訊息給你的暗戀對象，內容是有關週末的好玩行程。當她滿心疑惑地回覆，你可以馬上順水推舟地說：「啊！我傳錯了……但是妳想不想一起來參加？」你就這樣自然地進入了她的生活，再加把勁，順利划入她的心河就對了。

PART 5

怎樣問話才能問出自己想知道的

01 問話前先「熱身」，消除冷狀態

高聲訓斥不可能使你獲得長久的成功。你要學會心平氣和地和他人進行簡單明瞭的交談。

——李・艾柯卡【美國】

第一次見面，不管出於怎樣的目的，總希望盡可能多地瞭解對方，一個又一個的問題就這樣問了出來。殊不知，這樣的問話方式會給對方造成不適之感，對你本就不熟悉的另一方，戒心會更重。最開始問話的一方往往覺察不到這種跡象，直到對方表現出明顯的迴避與提防的情形時，問話方才不得不就自己的問話做一番解釋。於是疑雲消散，雙方的交談才逐漸融洽。但是，如果在對話的最開始就先講明自己詢問某些事的原因，交流的效果是不是會更好呢？

小超是動漫愛好者，最近又迷上飛機模型的製作，經人介紹認識了一位名叫真彥的模型高手，兩人一見面就談了起來。

小超：「聽說你是這方面的行家是嗎？」

真彥：「也不算啦，只是喜歡玩而已。」

小超：「你做這個多少年了？聽說這行裡的有些人很神祕，之前都是專門做飛機的，飛機的原理是不是很複雜？有沒有什麼有意思的事透露一下？」

聽了小超的這幾句話，真彥的面部表情突然嚴峻了起來。

「你問這些幹什麼？我不知道。」

感到對方有明顯的牴觸心理，小超連忙說道：「不好意思，我解釋一下，我之所以問你飛機原理的事，是因為我最近在學著做飛機模型，我朋友沒跟你說？」

真彥搖搖頭：「他只說你想認識我一下，沒說具體是什麼原因。」

「噢，那就是我的不對了，我應該提前告訴你我那麼問的原因的。除了飛機原理，我還想知道我們國內製作飛機模型的整個狀況，經費啊，材料來源啊等等，畢竟我剛接觸這個，這方面的知識還非常缺乏，可以嗎？」

「當然啊。你一解釋我就明白了，不然一見面就問我飛機原理什麼的，我以為你是間諜呢。」

「哈哈，是我的錯。」

小超就犯了只顧問而沒有解釋的錯誤。他的問題讓對方疑慮重重，甚至因為問題的敏感懷疑他是間諜。因為有這樣的想法，對方的心就會關閉的更嚴，交流自然無法暢通。在此過程中，對方還是一副戒備心，沒有把小超當真正的朋友，而小超那樣問，也是沒讀懂對方的表現。

不熟悉的人相見，認知總需要一個過程，切不可因為想急切瞭解某些問題而忽視了思想「互通有無」的過程，簡而言之，就是讓對方對你跟他對話的目的有大概的瞭解，讓他心中有數，他才會對你的問題予以解答。

小超從一開始就問到後來對問話予以解釋，就是感覺到了對方內心的變化：由陌生到牴觸，不解釋可能更加防備，這樣發展下去的後果很可能是不歡而散，小超熱情四溢，對方卻一直是冷狀態。

所以，生活中，當我們與某人第一次見面時，不管有多想瞭解對方，一定不能忽視問話禁語的問題，要耐下心來慢慢訴說，尤其要注意的是，在一些需要解釋的問題之前做出必要解釋，跟對方說明自己這樣問的意圖，這樣才能讓他最大程度的敞開心扉說出自己的想法，你也會更加瞭解這個人。

語言大師 精華提要

人與人之間交流，總要有個熟悉的過程。所以，我們在問話前，最後有些前奏鋪墊，避免一開始就切入正題，讓對方很難對我們交心。

02 只是詢問，給對方留足空間

別人沒有向你詢問打聽，你何必喋喋不休糾纏人。

——土耳其諺語

推銷員可不可以透過詢問的方式，在第一時間抓住顧客的心呢？如果，在現實生活中你也是從事推銷員的工作，那麼，下面的故事可能會給你帶來某些啟示。

一個推銷搜魚器的銷售經理威廉在一個加油站停下車，他想給車加點油，然後爭取在天黑之前趕到紐約。

就在加完油等待繳費的時候，威廉看見自己剛加過油的地方停著四輛拖著捕魚船的車。

他馬上返回到自己的車上，取出幾份「搜魚器」的廣告宣傳單，走到每一艘船的船主面前，遞給他們每人一份：「我今天不是要向各位推銷東西，我認為各位可能會覺得這份傳單很有意思。你們上路後，有空可以看一看，打發一下時間，我想你們或許會喜歡這種『底線搜魚器』的，最關鍵的是，這並不耽誤多少時間對不對？」

繳完費後，威廉一邊開車離開，一邊笑著向那些人揮手道別：「不耽誤時間的，是不是？」兩個小時後，在一個休息站，威廉停下車買了一瓶可樂，就在這時，他看到那四個船主向他疾步走過來，說他們一直在追著威廉，但拖著漁船，車速無論如何趕不上威廉，他們告訴威廉他們想要多瞭解一些搜魚器的事情。

威廉立刻拿出展示品，向他們做完簡單介紹後，說還可以具體示範給他們看，於是威廉與他們一起走進休息室，他想找個插座為搜魚器接上電源，但休息室裡沒有，最後威廉在男廁所裡找到了插座。威廉一邊操作一邊解釋：「比如在七十二米深的地方有一條魚，在船的右舷邊三十五米處也有一條魚……」

威廉講得認真而投入，男廁所的其他人感到很好奇，不知道發生了什麼事情，也紛紛圍上來。十五分鐘後，威廉結束了自己的示範，這四個人此時已由聽眾變成了顧客，恨不得把這件展示樣品馬上買回去。威廉告訴他們只要去任何一家大型零售店都能買得到，隨即又提供給他們一份當地的經銷商名單，四個人才滿意地離開。

從心理學的角度講，越強迫某人去做一件事，對方可能越抗拒。越不強迫他，他可能越有瞭解此事的興趣。推銷員在向船主散發廣告宣傳單的過程中，並沒有強調對方一定要在某個固定時間段去看，而是說「有時間就看看，不耽誤時間的是不是？」這句話給顧客透露的資訊是：對面的這個人並沒有要求我一定要看他手裡的東西，既然這樣，看看也無妨。

有時候，推銷員執意讓顧客瞭解自己手中產品的行為會招致對方的反感，而故事裡的那句問話，恰好打消了顧客的這種情緒。給顧客留足空間，就是給你和他的發展創造更大的空間。

兩情相悅的東西才是最好的，在消費者心中，最佳的推銷模式也是這樣。所以，故事中的只詢問不強求，看不看都由他。看似不在乎，實際上巧妙的調動起了對方的興趣。不然，那幾個人也不會追著推銷員瞭解產品的相關資訊。

生活中，這樣的事情還有很多，當作為推銷員的你在推銷一款新產品的時候，面對自己的顧客，不要急著跟他說產品有多好，而是先問幾句諸如：「您好，有沒有興趣看看這個？」「隨便看看吧，也許對您有幫助的？」的話，消費者的思維或許就會被你慢慢吸引，你的推銷也可以在不知不覺間進行了。

語言大師 精華提要

現實生活中，如果推銷員見了顧客就撲上來，不由分說的介紹自己的產品，顧客從心裡就會產品強烈的排斥感：我並沒有說要聽你的介紹，你為什麼還有強迫我聽？有了這種想法，消費者就很難再接受推銷員說的話。連話都聽不進去，還怎麼瞭解產品？所以，推銷員一定要在這方面多加注意。

03 循序漸進，用自己的話套住對方

合抱之木，生於毫末；九層之台，起於累土；千里之行，始於足下。
——《老子》

國華在來公司兩年後進步神速，由於業績等各方面都比較優秀，就很快得到了提拔，成為所在部門的經理。剛開始他感到非常興奮，畢竟當主管了是件好事。但慢慢的，他覺得以前與他相熟的同事變得跟從前不一樣了，和他說話的時候總是話中有話。

這天他又與部門的小李碰見了。

「喲，這不是王經理嗎？今天沒出差去啊？」

國華一聽就覺得不對勁，以前他跟小李非常要好，只是當他成為部門經理後，小李對自己的態度就起了變化。具體原因他也知道些，經理人選沒確定前，小李也是候選者之一，只是由於某些方面比不上國華，才沒當成。所以，他現在想儘量安撫一下對方。

「沒有沒有，小李啊，最近狀態不錯啊，那天市場部經理還誇你來著。怎麼樣，哪天給我們其他的同事傳授傳授經驗？也教教大家？」

「王經理，有您在我哪敢啊？我還處於學習階段。」

「小李啊，咱們兩個以前就認識，你的水準我知道，要不哪天你給我單獨傳授一下？或者給我提提意見？有意見不能老憋在肚子裡嘛，是吧？」

小李一聽有些不好意思，知道國華大概聽出自己話裡的那股「酸」勁了，連忙改口說：「沒有，沒有，你一直是很好的，而且現在都是經理級了，就應該是我學習的榜樣了。」

「噢？真的是這樣的嗎？如果沒有意見，我就先走？你也知道我很忙。」

「好，好，我下次再向您請教。」

職場之中，有時處理同事關係是一件很複雜的事，尤其是當你突然被提拔之後。故事中的國華在得到提拔後就遭遇了小小的「同事危機」。

在當經理之前，國華和同部門小李是關係不錯的朋友，但在國華當上經理後，小李對他的態度就發生了一些改變，說話的時候常有「醋味」。

在面對小李最開始有些不對勁的問話時，國華並沒有直接問他是不是因為經理的事才改變了對他的態度，才在問話的時候總是意有所指。而是採取了避實就虛的態度：最開始並不挑明這層關係，而是將精力放在誇獎小李的進步上，短時間麻痺對方神經，給他造成示弱的假象。等到對方非常享受這種狀態的時候，才話鋒一轉，問他對自己已經周圍的同事有沒有意見，有意見就提出來。

這句話讓小李打了個冷顫，他會突然意識到：即使意見再多，對方也已經是經理，對經理抱怨，尤其是針對經理本人的抱怨，後果會是怎樣的呢?不用說，大家都會明白。所以，聽到國華問自己有沒有意見那句話，小李就馬上恭敬了起來，最開始的嫉妒和埋怨都不見了，他也終於搞清了自己的身分：我只是個職員。

態度轉變的過程，也是他心理變化的過程。

在故事裡，國華是個沉得住氣的人，在他同事對自己有不滿的最初階段沒有爆發，而是循序漸進的用自己的話套住了對方，來了個後發制人，最終平息了這次「人事危機」。

在平時的工作中，如果你也遇到了類似國華一樣的麻煩，首先要做的是耐得住性子，如果對方真的是針對你，最開始也要儘量淡化這種不友好的氣氛，隨著談話的深入，再用後發制人的辦法「制服」他。

語言大師 精華提要

要想向對方問出點什麼，我們首先要耐住性子，要懂得循序漸進地詢問，切忌操之過急，否則不僅問不出什麼來，還有可能讓對方心生防範。如此一來，以後要想再問出點什麼來就難上加難了。

04 聲東擊西，問出借錢人的真實目的

有借有還，再借不難。

——俗語

一個人的一生中或許多少有些借錢的經歷吧。如果一個人年逾古稀卻能夠說：「我這一輩子從未借過錢！」那麼，此人恐怕很難真正窺知世間百態、人情冷暖。現實生活中，一提起借錢，大家估計都會有話說的，比如自己借錢給別人，或者向別人借錢等等，不管是哪一種，都是件麻煩事。

這裡我們具體來說說錢借不借出的問題，借或不借，應該要看借錢的人與你的親疏

關係，再問出對方借錢的原因，真要是朋友有重要的事情那自然是要借的。否則，就要好好斟酌一番了。

阿嗚和昭順是公司同事，只是不在同一部門，因為這個原因，兩人的關係並不十分緊密，但這一天，阿嗚卻向昭順借起了錢。

阿嗚：「有個事想麻煩你，不知行不行？」

昭順：「有什麼事就說吧，都是同事。」

阿嗚：「那好，我就說了。最近手頭有點緊，你看能不能借點錢我？」

昭順一聽是借錢，心裡就仔細盤算了一下。借錢不是不可以，但平時兩人並沒有太多往來也不是很熟，突然說要借錢似乎有些不好，他要問問清楚。

昭順：「噢，都是同事嘛，什麼事都好說。我記得你上個月是你們部門的最佳業務啊，獎金和薪水都不少吧，怎麼突然缺錢了？」

阿嗚：「哪有多少啊，又沒有多少。」

昭順：「所以是家裡用錢？或者是有什麼急事？」

聽到昭順這樣的問話，阿嗚突然支支吾吾起來。他只是斷斷續續地說：「是有急事，是有急事。」但具體是什麼事並沒說出來。

昭順覺得他借錢的目的怪怪的，這時，他突然想起自己曾聽人說，阿嗚這幾天一直跟一個女網友接觸，每天都花費不少，這次借錢可能就是因為這個原因。如果真是因為這個，昭順就不想借錢給他了。不過，他並沒有直說出來。

「恩，有急事是得救急一下，不過有件事還沒跟你說。我最近認識了幾個網友還滿花錢的，你也知道年輕人總是比較愛玩的，你說呢？」

「對啊，我最近就是這樣，也是認識了個網友，錢花的兇啊。」

昭順一聽就明白了，他已決定不借給他。就在昭順要想辦法如何將拒絕的話說出口時，電話響了，他馬上表現出電話那邊的人有急事找他的樣子。「哎呀，真不巧，有個朋友有急事找我，現在必須得過去。錢的事過幾天再說吧，或者你再問問別人？實在是不巧啊。」

阿嗚一聽這話就連說沒事沒事，有些悻悻然地走了。

阿嗚和昭順本不熟，但阿嗚卻突然找昭順借起了錢，昭順問對方為什麼借錢，對方也不直說，這裡面就有問題了。一般來說，借錢的一方會將自借錢的目的和用途說出來，打消對方的疑慮，才能成功的借到錢。但故事裡的阿嗚對自己為什麼借錢支支吾吾。為了搞清楚他為什麼借錢，昭順就繞著圈子探聽他的底細。

他先是試探性地問是家裡有事還是其他的事情，阿嗚就敷衍說是有急事。有急事卻不直說，說明這事要麼真的非常重要，要麼對方是有意隱瞞什麼。因為昭順聽說了阿嗚最近跟網友走得很近，猜想可能是這個原因。他就故意假說自己最近也交了幾個網友，玩得很凶，錢花得厲害，順勢就問出了阿嗚對自己這種行為的看法。沒想到對方果然中計，說出了借錢是因為跟網友在一起的實情。

阿嗚之所以在最開始不說出自己借錢的真實原因，就是怕對方知道自己因為網友的事借錢後遭到拒絕，所以他一直隱瞞。但沒想到對方通過拐彎抹角的方式套出了他的真實目的，錢就肯定借不出來了。

所以，當我們遇到朋友向自己借錢的事情時，切不可直接答應，而要耐下心來細細打探對方的真實目的。如果這位同事確是有燃眉之急，作為朋友，雪中送炭是應該的。如果此人不知自愛或者理財無方，就不比借錢給他。借與不借完全在於對方出於什麼目的，看透了他的心，很多事就會好辦許多。

語言大師 精華提要

每個人都可能遇到借錢的事。為了借到錢，有些人會將理由編造的千奇百怪：

一、「我的錢套在股票裡了，最近手頭有點緊，能不能借我一點？」

遇到這種借錢理由要非常小心，一是對方是不是真的因為股票的原因經濟拮据無法確認，再者，一次被套就有二次被套的可能。借出的錢有十足的把握回歸？

二、「我是幫朋友問的，你現在經濟寬裕嗎？」

假借他人之名借錢。如果真是朋友需要救濟，為什麼他不提供幫助，反而透過自己的關係向別人借呢？其中可能有不能直說的理由。

三、「我們到底是不是朋友？」

對方不直接說借錢的理由，而是詢問對方和自己的關係，意在故意堵別人嘴。這樣的人要尤其小心，借完錢後他可能會用其他的藉口搪塞你。

05 智力比拼，同一問題多人考量

我們不用考慮錢的多少，我們需要考慮的是東西的好壞。

——華特・迪士尼【美國】

當一個職位有多個潛在的優秀競爭者時，面試官需要的不僅是一雙火眼金睛，更需要針對性強，迷惑性強，假設性強的問題考量應徵者，用未來工作中可能遇到的問題考驗他們，更能夠檢驗這個人的素質和「成色」。

這是公司面試的第三天，依舊由奕凡主持。他遇到了一個有些棘手的問題，今天來的這兩個人都是經過幾輪面試後的佼佼者，各方面看起來都非常優異，但他們其中只能有一個留下來。想了半天，奕凡決定這樣面試他們。

奕凡：「兩位都是經過幾輪面試的人了，走到現在這一步非常不容易，今天我只想簡單地問幾個問題，交流一番。因為各位應徵的工作是審計，我有這樣一個問題：假如你到總公司旗下的一家子公司去做審計，審計的結果是這家公司在某些方面存在問題，該公司領導人面對這樣的結果拒絕簽字。但臨來之前總公司告訴你，只有對方簽字，任務才算完成，面對這樣的情況，你們會怎麼辦？」

聽了奕凡的問題，甲說：「這個好辦，用總公司領導人去壓他，那樣他就會服軟簽字了。」

奕凡：「如果這家公司的經理資歷不太一般，曾經做出過非常突出的業績，總公司的領導人對他也非常器重，面對這種狀況，你又該怎麼辦？」

甲：「那我就說『國有國法，家有家規。』他能耐再大還能大過公司？再說，有總公司給我撐腰還怕什麼？」

奕凡：「你是去工作的還是去幫那領導人壓人的？」

甲：「我……」

奕凡看甲無話可說了，就讓其餘沒說話的繼續發言。

乙：「我想的是，或許是我們自己的審計出了問題，不然人家為什麼會平白無故的不簽字呢？」

聽了乙的話，奕凡點點頭。

「如果真的如你所說，是自己的審計出了問題，你打算怎麼辦？」

「如果真是自己出了問題那就馬上糾正，給予該公司一個公正的結果。」

此時甲又插嘴道：「其實現在很多人都是沒事找事，我已經做過一輪嚴格的審計了，為什麼還要聽他擺佈，他說不對就不對？真不把總公司放在眼裡了？」

這話讓奕凡和另一個面試者有些尷尬，但他還是強裝笑顏的說：「好的，你們兩個都很優秀，最終的結果會在三天內通知兩位。」

還需要通知嗎？結果明眼人一看就知道了。

在上文的面試故事中，奕凡為了辨別兩個應徵者中哪個更加優秀，採取了情景假設的提問法。他這麼做的用意非常明顯：同一個問題，不同的人給出的肯定是不同的答案，根據不同的答案，就能判斷出對方是個怎樣的人。

面對奕凡的問題，甲的回答是用總公司領導人壓對方。說出這種話的人一般有這樣的思維；如果他只是公司的一般員工，他的不滿多是發發牢騷，背後說說別人的壞話，或是狐假虎威，一旦成為領導人，就會盛氣凌人，用自己的權勢壓迫別人，不利於公司內部的團結。

就文中的問題而言，他原本料想可以用總公司的領導人去壓下對方的氣勢，不料奕凡又追問如果這名子公司經理很受總公司器重，不會受到打壓怎麼辦？甲就無話可說，他的以權壓人的本性就暴露無遺了。

而乙的回答則是從自身出發，從自己身上找問題。這樣的人謙虛、認真，做事兢兢業業，不管業務精通與否，態度首先是正確的。態度端正，做事就會順利很多，麻煩也更容易解決。無論同事或者領導人，誰會去找這樣的人的麻煩，鬧不愉快呢？

甲和乙雖是兩個人，卻可看成心態的兩個表現面，就像硬幣的兩面一樣。好與壞，優秀與淘汰，在假設性問題中一測便明瞭。面試人員熟練掌握了這種問話方法後，就不怕看不出應徵者的真心了。

語言大師精華提要

應徵的人有很多，要想招到合適的人，就應該多加比較。用同樣的問題詢問不同的應徵者是一個相對比較快而有效的方法。經過比較，很快可以看出孰優孰劣。

06 提一些兩難問題，逼出對方的真心

誤解與成見，往往會在世界上鑄成比詭計與惡意更多的過錯。
——歌德【德國】

這是面試的最後一關，應徵者的業務素質非常優秀，但面試官還是有些不放心：業務優秀不代表他整個人都優秀，他決定再考察一番。

面試官：「我現在有一個問題，有一天假如你和上司拜訪客戶，會談完畢後客戶送給你們兩張歌劇演出票，每張價值八百元，你先是非常驚喜，後來想到公司規定不許收取客戶價值七百元以上的禮品，就想送回去。但是你的上司非常喜歡歌劇，面對這種情

況，你是按照公司的規定將演出票送回給客戶呢，還是順了上司的意去看演出？」

應徵者：「這個問題確實不好回答，是長官願意看嗎？」

面試官：「對，是長官願意看。」

應徵者：「那我選擇和長官一起去看？」

面試官：「公司的規定怎麼辦？」

應徵者：「我覺得做人得靈活，規矩也是人定的。再說了，既然長官願意看，我為什麼要反對他？我不是自討沒趣嗎？而且，那也是客戶的心意，這樣有來有往，也便於以後的合作嘛。」

面試官：「你是這麼想的？我再問你一個問題，如果那兩張演出票換成兩疊現金，你該怎麼辦？長官也喜歡錢，你會不會再順他的意？」

應徵者：「那肯定不會，收錢是違法的，我不會那麼做的。」

面試官：「但如果長官跟你說，只要我們都不說出去，就沒人知道，而且他用命令的口吻讓你收下錢，你做不做？」

應徵者：「這……我一時還真不知道該怎樣回答。可能要碰到實際情況才能做出應對吧。」

面試官：「好的，今天面試就到這裡，你可以回去等通知了。」

應徵者才剛走出門，面試官就在他的履歷上打了個叉號，他被淘汰了。

上文中的應徵者為什麼會被淘汰？業務不精？能力不行？都不是。他是不能遵守公司的規定，沒有原則性。一個容易在原則性問題上犯錯誤的人，沒有哪家公司願意接收。

面試官最初的問題中有兩種可能性：收下票是合理的，因為長官愛看；不收票也是合理的，因為公司不許。應徵者怎麼選擇，展現了他怎樣的價值觀和個人秉性，是好是壞，一聽就明。

面對面試官提出的問題，應徵者最先說的不是自己的答案，而是確定上司是否真的愛看。他的這個回答反映出他的思維在向上司傾斜，或者一開始就站在上司的一邊。這種思維背後深層次的投影是：應徵者沒有將公司的規定放在心上。他以後的回答也進一步印證了這種觀點。他選擇和上司一起去看，原因是上司喜歡。但被質問將公司的規章放在哪裡時，他的回答裡竟有些不屑。說規矩是人定的，不要太死板。這樣的回答令人失望，不管他個人的業務素質如何優秀，這樣的辦事態度和個人理念都給面試官留下了極壞印象。為了確認自己的判斷，面試官又將演出票換成了錢，讓對方選擇，對方竟不知如何作答，不知如何回答就是就是默認或者默許。

一個人面對公司利益和個人誘惑無法選擇的時候，這個人的個人素質就是不合格的，面試遭到淘汰也是情理之中的事。所以，在面試的具體過程中，可以適時的提一些兩難問題讓對方回答，透過他的回答判斷其道德素養是否良好，是否利慾薰心，一心為己而不為公司和他人。

語言大師 精華提要

面試時，問一些兩難問題遠比詢問工作範圍的問題實在得多。因為工作內的事情不會可以學，而一旦人品有問題，就等於招來了一枚不定時炸彈，對企業來說是十分危險的。

07 直接詢問動機，避免對方蒙混過關

卑鄙和高傲的動機只會滿足愚人、武夫、人類的侵略者和掠奪者的貪欲，人們應當放棄這種動機，不要讓這些誘人的飲料再麻醉那些自命不凡之徒！

——聖西門【法國】

在與人交流的過程中，如果關係到某些利益，就一定要弄清楚對方的真正動機和目的，千萬不能讓對方蒙混過關。比如，面試的時候，招聘方選擇的是適合於公司空缺職位的人選，這樣的人不僅要業務優秀，為人踏實誠懇，更關鍵的，他的擇業動機要和招聘方相契合。

求職者的動機多種多樣，有圖利的，有圖公司名的，有希望獲得出國發展機會的，面對這些複雜的動機，面試官如果把握不好，就很難看清求職者的真正意圖，自己也會被蒙蔽。

國賢是一家公司的面試官，經他面試的人不少於千人。這天，又有一個面試者來到他面前。

求職者：「您好，我是來應徵工作的。」

國賢點頭微笑：「你好，你為什麼會來應徵我們公司呢？」

求職者：「因為貴公司是行業裡的領軍者，實力雄厚，是每個人都想試一試的舞台。」

國賢：「來我們公司就是為了這個？」

求職者：「對，就是為了這個，我現在還是學習階段，不圖其他。」

國賢：「嗯，這不是你的第一份工作吧？」

求職者：「不是，這是第二份了。」

國賢：「說說上份工作的情況，為什麼辭職？」

求職者：「那是個小公司，我在那裡工作一年多，最後還是個普通職員，關鍵是那個公司的待遇非常不好。」

聽了這個回答，國賢微微一笑：「你剛才不是說現在是學習階段，不圖其他的嗎？」

求職者：「呃……我是說對公司是這樣。貴公司的實力是有目共睹的，我來這兒的目的就是學習和提升的。」

國賢：「說一下你選擇工作的標準是什麼？」

求職者：「這個嘛，其實我要求也不多了。首先要有一個能施展自己才華的舞台，當我給公司帶來收益的時候，也期待能得到相應的回報。」

國賢：「我明白了，你離開上個公司就是因為它沒給你應得的回報是吧？」

求職者：「算是吧，不過對貴公司我不會那樣的，在這裡我還是以學習為主的。」

國賢：「好的，面試先到這裡，有消息會通知你的。」

最後，國賢並沒有錄用那個人。他覺得對方太看重自己的個人利益，而且一開始就在撒謊，不誠實。

國賢是個經驗豐富的面試官，他知道只有有目的的問，有動機的問，才能問出求職者的真實想法，判斷他是不是適合進入公司任職。按照慣例，國賢先問了對方來公司面試和辭去上份工作的原因。他想看透求職者找工作的動機是什麼，是為了待遇、舞台還是發展空間？如果求職者前後給出的理由一致，國賢就要看看本公司是不是能接受擁有這樣想法的人，如果不一致，說明對方在撒謊，是不可信的，不能錄取。

案例中的求職者屬於後者，他聲稱應徵國賢的公司是為了給自己一個舞台，是為了學習，除此，並沒有其他希圖。但當他提到自己辭掉上份工作的原因時卻說是對方待遇不好。前後矛盾，可見，求職者在故意隱瞞自己的真實動機。

他是個很在乎個人利益的人，但為了能進入國賢的公司就故意說不在意這方面的需求。如果國賢是個缺乏經驗的面試官，很可能會信以為真，一旦將對方錄取，不僅是自己的失職，也是對公司的不負責任。

故意掩藏動機的人，在現實生活中比比皆是。這樣的人，在被問到做某事目的是什麼時，總會說一些冠冕堂皇的話。很明顯，這是對方的套話，他是想提升自己的形象，對於動機性問題卻隻字不提。遇到這樣的人，不管三七二十一，一定要直接問出他的工作動機是什麼，並讓其具體說明。否則，對方就會繼續繞下去，時間也會這樣白白浪費。

要是一時疏忽，讓這樣的動機不明甚至不良的人真的鑽了空子，後果是不可估量的。

語言大師 精華提要

對於故意掩藏的人，採取直接詢問動機的方式是比較有效的。因為彼此都不是糊塗人，明明白白講清楚可以避免很多不必要的麻煩。

08 針尖對麥芒，逼出男人承諾裡的「含水量」

適當地用理智控制住愛情，有利無弊；發狂似的濫施愛情，有弊無利。
——普拉圖斯【古羅馬】

男女之間相處，往往是男人說的多做的少，女人則在早期對其信以為真，發現不對之後，才對其質問。即使這樣，女人還是會有一個問題：當男人承諾時，我怎麼才能知道是真還是假？怎麼才能問出他的真話呢？

女人：「親愛的，你什麼時候介紹你的朋友給我認識啊？」

男人：「急什麼？」

女人：「我急嗎？你都說了多少次了，到底什麼時候才會兌現？你是不是只是說著玩的，騙我的？」

男人：「沒有，我說的都是真心話。」

女人，「那到底是什麼時候？還有你的父母，到現在也沒說要介紹給我認識。別人問我見過你父母沒，我都不好意思說出口。」

男人：「好，好，過一段時間，行不行？」

女人：「我要行動，不要解釋。」

從男女主角對話可以看出，男人在一開始對女人做了很多承諾：見父母、見朋友，但到後來，一件也沒有實現。有句話說：男人的承諾是寫在水上的，說沒就沒。男人在承諾的時候真誠得讓人毫不懷疑，但實現起來有時比登天還難。

故事裡的男人說自己的承諾是真的，女人回應，是真的為什麼不兌現？從男人的回答中，我們可以感覺到他一直在推託，一個人一旦對你不是真心的，就不會對你無所保留。這保留包括不讓你進入他的朋友圈，認識他的父母，瞭解他的過去。和這樣的男人在一起是痛苦的。

那麼怎樣才能戳穿他承諾裡的謊言？最好的辦法就是針尖對麥芒的質問他。

「你說帶我去見你的朋友，具體什麼時間？」

「不讓我去見你的父母，是不是根本就沒把我當回事，在玩弄我的感情？」

「為什麼對我有所保留，你到底有什麼不能讓我知道？」

這樣的問話一出，如果他是真心的，他就會馬上跟你說明不帶你去見父母和朋友的原因，並定好準確的時間兌現自己的承諾。如果面對這樣的問題，他還含糊其辭的回答，說自己忙，有時間再去等等，你就要好好考慮一下繼續跟這樣的男人發展的可能性。如果男人只會給女人空頭支票，這樣的男人還值得去交往嗎？

男人類似的承諾還有很多，比如：

「老婆，等我兩年的時間，我會賺很多錢，給妳買房子和車。」

「親愛的，再過一段時間，等我把手頭上的事處理完了，就帶妳出國旅遊。」

「相信我，我說的一切都會實現的。」

女人要的並不是男人的承諾，而是讓男人將承諾變成現實。說得好不如做得好，對於男人，女人聽其言，還要觀其行的。

語言大師 精華提要

男女交往的時候，男人百依百順如可人小鳥一般，通常會讓女人在最初階段幸福不已，她會想：終於找到一個尊重自己，真正愛自己的男人了。但如果男人一直這樣，對女人不管不問，女人就要警惕，有可能是情感厭倦或者破裂的前兆。

男人是種獵奇動物，一旦失去興趣，就會喪失探尋的動力。如果注意到這種跡象，女人就要勇敢地問出心中的疑惑，很多事都是在雲遮霧罩的時候讓人疑惑，一旦「窗戶紙」點破，問題就會看得明明白白。

PART 6

怎樣說才能化解別人的糾紛

01 不偏不倚，肯定雙方的觀點

對別人的意見要表示尊重。千萬別說：「你錯了。」
——卡內基【美國】

在別人發生爭論的時候，夾在中間的滋味是比較尷尬的。作為爭論的局外人，我們應當善於打圓場，讓爭論得到及時化解。但是在打圓場的時候，一定要注意一個問題，就是要不偏不倚，讓雙方都認為你沒有偏向，都表示滿意。否則，只能是火上澆油，還不如不說。

清末的陳樹屏口才極好，善解紛爭。他在江夏當知縣時，張之洞在湖北任督撫，譚繼詢任撫軍，張譚兩人素來不和。一天，陳樹屏宴請張之洞、譚繼詢等人。當座中談到長江江面寬窄時，譚繼詢說江面寬是五里三分，張之洞卻說江面寬是七里三分。雙方爭得面紅耳赤，本來輕鬆的宴會一下子變得異常尷尬。

陳樹屏知道兩位上司是借題發揮，故意爭鬧。為了不使宴會大煞風景，更為了不得罪兩位上司，他說：「江面水漲就寬到七里三分，而落潮時便是五里三分。張督撫是指漲潮而言，而譚撫軍是指落潮而言，兩位大人都說得對。」

陳樹屏巧妙地將江寬分解為兩種情況，一寬一窄，讓張譚兩人的觀點在各自的方面都顯得正確。張譚兩人聽了下屬這麼高明的圓場話，也不好意思爭下去了。

有時候，爭執雙方的觀點明顯不一致，而且也不能「和稀泥」。這時，如果你能把雙方的分歧點分解為事物的兩個方面，讓分歧在各自的方面都顯得正確，這必定是一個上乘的好辦法。

某學校舉辦教職員工文藝比賽，教師和員工分成兩組，根據所造的道具自行編排和表演節目，然後進行評比。表演結束後，沒等主持人發話，坐在下面的人就已經分成兩派，教師說教師的好，員工說員工的好，各不相讓。

眼看活動要陷入僵局，主持人靈機一動，對大家說：「到底哪個組能奪第一，我看應該具體情況具體分析。教師組富有創意，熱情四溢，應該得創作獎；員工組富有朝氣，精神煥發，應該得表演獎。」隨後宣佈兩個組都獲得了第一名。

這位主持人心裡明白，文藝比賽的目的不在於決出勝負，而在於豐富大家的娛樂生活，加強教職員工的交流，如果為了名次而鬧翻，實在得不償失。於是，在雙方出現問題的時候，主持人沒有參與評論孰優孰劣，而是強調雙方的特色並分別予以肯定。最後提出解決爭議的建議，問題自然就解決了。

所以，有些場合下，雙方因為彼此不同意對方的觀點而爭執不休時，作為圓場的人就應該理解雙方的心情，找出各方的差異並對各自的優勢都予以肯定，這在一定程度上能滿足雙方自我實現的心理。這時再提出建議，雙方就容易接受了。

語言大師 精華提要

處理糾紛時，肯定雙方是前提，這樣雙方才會覺得你是公正的。接下來，你再想辦法具體解決糾紛。否則，一開始你沒有表明態度，爭執的雙方很可能拒絕接受你的調節。

02 適當地褒一方，貶一方

禮貌建築在雙重基礎上：既要表現出對別人的尊重，也不要把自己的意見強加於人。

——霍夫曼斯塔爾【奧地利】

生活中，難免會遇見親朋好友或者別的人為了某些事而發生衝突與糾紛，需要你出面當和事佬的情況。但是，和事佬並不好當，這是個兩邊不討好的差事，如果沒有比較高超的語言技巧，往往會讓自己陷進糾紛中，成為一方甚至雙方攻擊的對象。但是衝突總得有人調解，或許這個人就是自己，那該怎麼辦呢？

俗話說：「一個巴掌拍不響。」在雙方接受自己來進行調解之後，可以考慮主攻一方，讓其主動退出爭執，另一方沒了衝突對象，糾紛自然化解了。

對一方當事人進行誇獎，講述他曾經有過的可引以為自豪的事情，使之為了保全面子，主動退出爭執，約束自己。這種方式對於絕大多數受過良好教育的人都非常有效，因為顏面往往是他們很看重的，是他們約束自己的動力。

一天中午休息時，陳帥和文倩為了一點小事吵了起來。這時，經理走進來阻止了他們。接著，經理將陳帥叫進辦公室談話。

經理說：「陳帥啊，你是老員工了，為公司的發展可說是立下過汗馬功勞的，而且，你年年業績都這麼好，這在我們單位是有目共睹了。文倩是新來的，才剛剛大學畢業，沒有社會經驗，說話做事也都生嫩得很。你業務能力強是全公司公認的，以後要繼續努力啊！」

陳帥聽了經理的話，不好意思地說：「我以為經理叫我進來是為了剛剛我跟文倩吵架的事呢。」經理聽後笑著說：「陳帥啊，你是個細心的人，別跟小孩子計較，至於剛才我是什麼也沒看到啊。中午休息還是要的，出去休息吧，下午上班才會精力充沛。」

經理一番話說得陳帥心裡高興，出去後也不再與同事文倩爭執了。經理誇獎陳帥，點出陳帥的「身分」與文倩的差距，輕易化解了兩人之間的衝突。

我們也可以利用這種方法來調解糾紛。不過這個調解辦法在使用時必須注意不可傷害到另一方的自尊，你對一方的「抬高」最好不要當著另一方的面說，否則會事倍功半，收效不佳。

語言大師 精華提要

在處理別人糾紛問題中，「誇一方，貶一方」的方法一定要慎用，因為很容易得罪人。所以，用的時候一定要把握分寸，不可乙太過火。

03 委婉規勸，不直接批評或肯定任何一方

對一個心持反對意見者，講話要謙和而委婉。否則正像把鹽撒入傷口，會使他已有的成見更深。

——培根【英國】

對於相互爭執的兩個人來說，利益固然重要，面子也不容輕視，特別是在眾人的眼皮底下，誰都渴望成為讓別人刮目相看的強者。但對於旁觀者來說，爭吵的兩個人誰強誰弱並不是最重要的，最重要的是大家都能夠為共同的事業傾注心力。為了協調好兩人之間的關係，作為第三者，可以不直接批評哪一方面肯定哪一方，只採用富有情趣的幽默說法，委婉地表達自己的傾向或苦心。

一天，乾隆皇帝在新任宰相和珅與三朝元老劉統勳的陪同下，游山賞景。乾隆隨口問了一句：「什麼高、什麼低，什麼東、什麼西？」飽有學識的劉統勳隨口即應：「君子高、臣子低，文在東來武在西！」和珅見劉統勳搶在自己的前面，十分不快，隨即相識：「天最高、地最低，河（和）在東來流（劉）在西！」因為當時的皇家禮儀中，上首為東、下首為西，此話暗示：你劉統勳再老再有能耐，還在我和珅的下首。

劉統勳知道和珅的用心，心裡也極不滿。當三人來到橋上，乾隆要他們各人以水為題，拆一個字，說一句俗語，做成一首詩。劉統勳張口即來：「有水念溪，無水也念奚，單奚落鳥變為雞（繁體為『鷄』）。得食的狐狸歡如虎，落坡的鳳凰不如雞。」

和珅一聽，好呀！老傢伙罵我是雞！豈能饒過他：「有水念湘，無水還念相，雨露相上使為霜，各人自掃門前雪，休管他人瓦上霜！」告誡劉統勳，給我當心點兒！乾隆聽出了新老不和的弦外之音，二相不和，有損大清事業！於是，他一手拉一人，面對湖水中映出的三個人影說道：「二位愛卿聽著，孤家也對上一道：『有水念清，無水也念青，愛卿共協力，心中便有清。不看僧面看佛面，不看孤情看水情。』」二人聽罷，心中為之一震，深為乾隆的如此循循善誘而不降罪的龍恩所感動。和珅和劉統勳立刻拜謝乾隆，當著皇上的面握手言和，結為忘年交。

在皇帝面前，劉統勳與和珅都渴望自己成為強者，成為皇帝最賞識的人，因此展露才華，互相貶低，搞得很不團結，此時乾隆如直接褒貶，一定會傷害一方的面子，致使雙方的矛盾加深。因此，乾隆故意吟詩一首，通過詩歌來隱晦地傳達自己希望二人和好的願望，避免了對雙方面子的傷害，收到了良好的效果。

現代社會中同樣如此，當別人發生爭執時，你就要進行委婉規勸，做到管理合法，以求取得好的結果。

語言大師 精華提要

別人發生糾紛，我們能做的就是儘量從公正的角度出發來進行勸解。不過，勸解時要注意，態度要委婉，千萬不能過於強勢直接，否則，可能解決不了問題，還會給自己招來麻煩。

04 私下單獨稱讚對方，使雙方各退一步

> 一個巴掌拍不響。
>
> ——俗語

不對爭執雙方作人格上的評價，而強調雙方在性格、能力等方面的差異性，在客觀上起到褒貶的效果，從而化解爭執。人們在吵架的時候，經常為了誰對誰錯，誰好誰壞而爭執不休，直接的褒貶至少會引起一方的不滿，甚至傷害其自尊心。因此，勸架者在對一方進行勸解時應該避重就輕，不對雙方道德上的孰優孰劣做出判斷，而是強調二者在個性、能力上的差異，在客觀上肯定一方，使其心裡得到滿足並放棄爭執。

小陳和小楊是某公司新進職員，小陳心思細膩，考慮事情周到，而小楊性情有些魯莽，但業務能力較強。有一次，這兩個年輕人發生了爭執，小陳說不過小楊，感覺到委屈，於是跑到經理處訴苦。經理拍拍小陳肩膀說：「小陳啊，你脾氣好，辦事周到，這個大家都清楚，也都很欣賞，可是小楊天生是個急性子，牛脾氣一上來就什麼都忘了，等脾氣過去了就天下太平。你是一個細心人，懂得從團結同事、做好工作的角度看待問題，你怎麼能跟他那暴性子一般見識呢？」一番話說得小陳臉紅了起來。

後來，小楊也來找經理告狀，經理笑著跟他說：「你的脾氣直爽，就不要為了這點小事情計較了。我也知道，你找我不過是想說明情況而已，以你的度量，一定不會這點事情耿耿於懷的。你說，對吧？」小楊摸了摸腦袋，不好意思地說：「對啦，我只是來找經理發發牢騷而已，哈哈！」幾天以後，兩人就握手言和了。

這是一個私下單獨稱讚對方以示得雙方各退一步的典型例子。經理沒有直接批評小楊，而是反覆強調小陳脾氣好，小楊性格暴躁，這實際上是透過比較兩人截然不同的性格來肯定小陳待人辦事方法是正確的，小陳領悟到經理的意思，自然也不會再跟小楊計較。接著，經理又誇小楊是個直爽的人，不會為了小事情耿耿於懷。小楊被經理捧得不好意思了，最後也不再就這件事再生枝節了。這樣，也就有了後來兩人握手言和的可能性。因此，我們在幫助別人解決糾紛的時候，也可以適當運用上述經理私下單獨稱讚對方的方法，這樣一來等於單獨給了起糾紛的兩個人各自一個台階下，讓兩人各退一步變成可能。

語言大師 精華提要

在雙方接受自己來進行調解之後，可以考慮主攻一方，讓其主動退出爭執，另一方沒了衝突對象，糾紛就自然消解了。

05 表現一方的才能讓所有人心服

以理服人心服，以力服人身服。

——諺語

即不單純從感情上表現個人好惡，而拿出充足的證據來證明某一方所具有的業績與才能，讓另一方心服口服。某人受到重要，主要憑藉的當然是他的真才實學，但這並不意味著其人也這樣看，尤其是他的同事，特別是一些自恃才高或嫉妒心較強的同事，常常會認為某人是因為「複雜」的原因而被重用的，於是在工作上不予配合，結果引發了種種爭執。

在這種情況下，作為同事或者是上司就應儘量避免表現出自己感情上的好惡（雖然這種好惡是不可避免和理所當然的），而應拿出證據來證明被重用者的業績與才能，讓爭執者在事實面前心服口服，無話可說。

建安二十二年，曹操和孫權在濡須交戰之後，各自退兵。孫權留下了平虜將軍周泰為鎮守濡須的主將。當時，劃歸周泰指揮的朱然、徐盛等都是江東的名門望族，他們對於讓這個出自寒門的人來指揮自己，很不服氣。

孫權得知後，借巡視為名，來到濡須，置酒宴請眾將。席間，他趁眾人酒酣耳熱之際，讓周泰露出身上的累累傷痕。

孫權指一處，問一處，周泰一一回答是在哪次戰鬥中留下的。

最後，孫權拉著他的手流著淚說：「你臨戰勇如虎豹，不惜自己的安危，以致負傷幾十處，我怎能不像親兄弟一樣對待你，把重任託付給你呢？」從此，朱然、徐盛等人才心悅誠服地聽命於周泰。

在本例中，孫權就巧妙地使用了「表現一方才能」的方法來化解爭執。他並沒有批評朱然、徐盛等人的不服指揮，避免他們產生更大的誤解，而是在適當的時機讓周泰展示其身上的累累傷痕，來表明自己正是因此而看重周泰的。面對周泰身上所記錄的勇敢與功績，朱、徐等人無法不心悅誠服，眾將之間的爭執也就化解了。

現在，當我們在強解某些人的糾紛時，也可以拿出「業績」來證明其才能。相信，在「業績」面前，沒有人不心服口服的。

語言大師精華提要

很多時候，爭吵中的雙方是很難被勸服的。這時以證據說話，會成為相對較為簡單直接的解決方式。

06 婉轉批評順道給爭吵者「降溫」

虛偽的迎合是友誼的毒劑，誠懇的批評是友愛的厚禮。

——佚名

一對年輕夫婦在吵架。那男人大聲指責妻子「沒知識，跑到大馬路上當眾出醜」，越罵越凶，妻子越哭越傷心。旁人的勸說根本不起作用。

這時，有位老人上前拍拍那男人肩膀說：「你戴了副眼鏡，像個知識份子。你有知識，就不要悶在肚裡，要拿出來用……」老人把「用」字拖長，講得很大聲。

那男人聽了一愣，不罵了，定神聽老人講話。

老人略頓了一下，接著又說：「你要用你的知識來說服你妻子嘛！如果你只會跺腳，只會罵，不也變得沒知識了嗎？還是找個地方，冷靜下來，好好勸勸她吧！」幾句話，說到了要害。那男人頓時變得不那麼凶了。

老人又去勸那女人：「有話好說，找同事，找親友，都好！心裡有什麼委屈都講出來，不要悶頭哭，但是不能去撞汽車，汽車是個大力士，妳怎麼能撞得過它呢？」

這時眾人大笑，女人被大家笑得不好意思。

吵架的這對夫妻都有不對的地方，又不肯認識到自己的錯，才越吵越厲害。老人則分別指出了雙方的不對，但批評得非常委婉，語氣和緩，措辭恰當，夫妻雙方才接受了他的勸說。

人在吵架時心中有火氣，嘴上沒好話，耳中聽不見勸告。因此，勸架時不要糾纏於吵架人的某些過激言辭，要多用委婉的語言，注意不觸及當事人的忌諱，一般情況下儘量不用激烈尖銳的語句，避免火上加油，而要用好言好語「降溫」。

語言大師
精華提要

別人吵架時，如果你要勸架，最好慎用批評，否則，一不小心可能一下子得罪兩個人。

07 提出稍稍折中的意見

有多少個腦袋，就有多少個意見。

——法國諺語

在雙方僵持不下時，採用巧妙的方法將嚴肅的爭執點轉化為幽默詼諧的形式，以此來緩和氣氛，製造轉機。

如果糾紛雙方是為了一個嚴肅的問題而互相爭執，那麼這個問題的嚴重性帶來的壓力，往往會加深他們之間的相互敵視，促使他們更加堅持己見、互不示弱，為了打破這種僵持不下的局面，調解方應該採取方法將嚴肅的爭執點轉化為詼諧幽默的形式，使雙方的心理壓力得到緩解、氣氛變得輕鬆，為問題的解決製造轉機。

二戰末期，在德黑蘭會議上，史達林與邱吉爾就如何處置德國納粹分子一事發生了爭執。由於史達林非常仇恨納粹，所以他認為至少應該處死五萬名納粹分子。而邱吉爾企圖利用德國制約蘇聯，因此他大聲反對。兩人各持己見，互不相讓，氣氛非常緊張。在場的羅斯福在這個問題上傾向於史達林，但他又不能不給邱吉爾面子，於是，他用稍稍折中的方法笑著打圓場：「你們看，槍斃四萬九千五百人行不行？」

沒想到，史達林和邱吉爾都愉快地接受了。史達林雖然沒有完全達到目的，但離自己的目標資料只相差了一點點，而邱吉爾也保住了面子，因為畢竟沒有完全按照史達林的意思去辦。於是，會議又接著進行。

生活中很多爭執往往是因為雙方互不讓步，覺得自己如果退讓就會失去面子。因此，作為夾在中間的協力廠商，想和平調停的話，固然可以同意其中一方的觀點，但也一定要讓另一方保全面子。把雙方的意見作個折中，就可以同時達到這兩個目的。

語言大師精華提要

當別人爭執不下的時候，你出面提出折中的意見，可能成為解決問題的關鍵，你也會因此成為爭執雙方心目中的「救星」。

PART 7

如何在飯局上和別人說好場面話

01 請客吃飯，以好理由「打頭陣」

吃人嘴軟，拿人手軟。

——俗語

有句俗話叫「無功不受祿」。因此，在任何時候，請別人吃飯一定都要找個合適的理由，以此拉近人與人之間的關係，提高辦事的成功率。如果對方能欣然赴宴，那麼求他辦的事也就等於成功了一半。也就是說，用好理由「打頭陣」，往往能促進一次成功的飯局應酬。

俗話說，「吃人家的嘴短」，很多人都明白這個道理，所以不是你請客別人就會來赴約。有時候，即使你真誠邀約，並且不需要對方花一分錢，他們也往往會想辦法拒絕，因為他們深知「天下沒有白吃的晚餐」，這一餐飯他們遲早得以其他的方式買單。所以，宴請別人之前一定要找個好理由，理由找好了，才能讓對方欣然赴宴，你的目的才有可能達成。

請客吃飯時，要想堵住別人拒絕的口，可以採用以下幾種宴請方式。

一、開門見山式

例如，當你想邀請上級領導吃飯時，可以直接說：「請問徐經理嗎？我們現在在某某酒樓吃飯，過來認識幾個朋友吧，我們等你來啊。」這種方式自然親切。

二、借花獻佛式

例如：「陳經理！今天獲獎名單公佈了，我中獎了！天上掉下來的財富要散一散才好啊，走，我們去慶祝慶祝！」然後在酒宴上再提自己求他所辦之事，那時候他的酒都喝了，哪好意思不幫你？

三、喧賓奪主式

例如：「張先生，你中午沒有時間啊？沒有關係，這樣吧，下午我去訂個位置，然後晚上你帶你的家人，我們一起去吃怎樣？晚上我給你電話！」這樣發出的邀請，別人就很難再有藉口推辭了。你也就有了接近對方，求其辦事的機會。

自古以來，請客吃飯都不如家常便飯那般樸素無欲，其背後往往潛藏著宴請者巨大的利益追求，更多的是一種排場、一種面子、一種投資、一種手段，是「天下沒有白吃的晚餐」的最真實寫照。而如何做好這場飯局，成功網羅住「大魚」，一個好理由「打頭陣」是絕不可少的，大家在現實生活中可適當選用上述理由，以助飯局順利。

語言大師 精華提要

人生在世，請客吃飯這一類應酬是必不可少的。事實上，宴請前我們必須明確自己邀請的物件是誰，找什麼樣的宴請理由合適，並且要針對不同的邀請物件採取不同的策略，還要把握好請柬上的措辭，以及做好個人形象等宴前準備，只有將宴會前的準備做得滴水不漏，才能在完美的宴會上呈現出完美的自己。

02 活躍氣氛，調動與宴者的積極性

創意在氣味相投的氣氛中，最能成長茁壯。

——李奧貝納【美國】

一般情況下，到了不熟悉的宴會場所，很多人會放不開，說話也比較拘謹，這樣氣氛就很沉悶，彼此都會覺得無趣。為了使宴會順利、熱烈地進行下去，真正達到增進關係、交流感情的目的，你可以在宴會上營造活躍、熱烈的氣氛，提高與宴者的積極性，讓大家由此對你心生好感，那你參加宴會的目的便能很容易達成了。

要想活躍氣氛，你就必須先找到合適的話題，使你和與宴者在杯盞之餘能夠興致盎然地暢談起來，這樣，也可以讓你更好地應付好宴會上一直沉默的人。怎樣才能找到合適的話題呢？找到合適的話題主要包括以下兩點：

一、找尋大家熟知的話題

在聚會中找尋大家熟知的話題有兩大好處，首先是熟知的話題對你和其他人來說都不陌生，大家都能夠發表幾句自己的看法，並且正因為熟悉，所以能夠談得深，談得透，談得妙趣橫生，很容易把大家的興致都調動起來；其次，大家都熟知的話題往往牽涉到一些共同的體驗和經歷，因而在談論過程中很容易激發共鳴，拉近彼此的心理距離。

二、找尋大家關心的話題

除了大家都熟知的話題之外，大家都關心的話題也能夠迅速調動宴會的氣氛。對這類話題有些人可能並不十分熟悉，但出於關心還是忍不住說一說，可能他們講不出所以然來，但在和你的講話中積極性還是被調動起來了，聚會的氣氛也隨之活躍起來。

三、想方設法應對沉默寡言的人

要讓沉默寡言的與宴者說話，一定要注意以下幾點：

第一，探明其興趣所在，然後將其感興趣的話題作為大家談論的話題。一般來說，再不喜言談的人，在遇到自己感興趣的話題也喜歡說幾句的，特別是當他對某一問題的看法埋藏很深而終於得以發表出來時，他會獲得很大的滿足感，這種滿足感會促使他繼續說下去。

第二，刺激他，然後熱忱讚美。例如在大家談論某一問題時，你可以突然向一言不發的某人發問：「能請教一下您的高見嗎？」對方礙於面子，肯定說幾句。此時你再抓住「幾句」中的閃光之處大加讚賞。這樣一來，對方的自尊心受到了鼓舞，也許會就此打開話匣子。

語言大師 精華提要

除了找到適當的話題，講講笑話也是調節氣氛的一劑良方。商務宴會時和客人交流，你適當開開玩笑，可以活躍氣氛、融洽關係、增進友誼。單如果開玩笑時不注意因人、因時、因環境、因內容而定，就可能因開玩笑過度而招人厭恨。

03 給別人敬酒時該怎麼說

無酒不成宴。

——俗語

有一句話說「人在江湖走，哪有不喝酒」，這句話巧妙地說明了酒在現代人際交往中的重要性。不論何種場合，觥籌交錯，在所難免。一談起喝酒，許多人都有自己切身的體會。雖然喝酒是一件普遍的事情，但是，沒有人會平白無故地來喝你的酒，喝酒總是需要一個理由的，而且要怎麼才能把酒喝得好、喝得快樂也是一門藝術。

要把酒喝得順理成章，喝得快樂，巧妙的敬酒可是起到了舉足輕重的作用。有的人認為，一餐飯一頓酒的表現，說不定可以決定自己在職場上的命運。所以在酒桌上，常常會看到一些有趣的現象。有些人從來不肯喝酒，但是如果桌上有上司，敬酒就特別主動。不過，往往是上級勸下級喝酒容易，但下級要想向上級勸酒，通常比較難，那麼下屬敬酒應該怎麼說呢？

一、圍繞一個主題

一旦開始給上司敬酒，就不要離題，要沿著一個主題，保持一個完整的結構，逐步趨向一個明快、自信的邀請，還要把你所祝願的那個人（或那些人）的名字準確無誤地牢牢地記在腦子裡。你的主題可以著眼於被祝願的人的成就或品格，一件事情的重要意義，夥伴們的樂事，個人的成長或團隊工作的益處，等等。無論說什麼都要和那個場合相適應。

二、真誠地讚美對方

人對於讚美的抵抗力往往是微弱的，特別是在酒桌上，熱鬧的氣氛使得人的虛榮心很容易膨脹起來，而虛榮心一膨脹，人就免不了要做出一些超出常規的「豪壯之舉」。另外，在酒桌上讚美上司的酒量或工作成績，如果對方仍堅持不喝，就會牽涉一個面子的問題，酒桌上眾人的眼光會給他造成一種無形的壓力：既然你能喝，既然事業這麼得意，連杯酒都不願喝，是瞧不起我們嗎？這種壓力是對方很容易感覺到的，因而上司即使是迫於壓力也得拿起酒杯。

三、強調宴請的特殊意義

人逢喜事精神爽，有些人從不喝酒或從不喝得太多，但在一些特殊的喜慶場合就願意喝兩口或多喝幾杯，一方面是心裡高興，一方面也是場合的特殊性使然。

因此，勸酒的下屬在勸酒時不妨多強調一下此宴請的特殊性，比如場合的重要性、特殊性，指出它對於自己的價值與意義，這樣既能激發對方的喜悅感、幸福感、榮譽感，又使他礙於特定的場合而不得不愉快地再飲一杯，還使得勸酒變為兩人之間獨特的情感交流方式。

四、適當用反語激將對方

人都有自尊心，為了維護自己的自尊心，人有時很容易突破常規的框框做出某種強硬之舉。在酒桌上也是一樣，如果能恰到好處地使用反語刺激刺激上司的自尊，使其認識到不喝這杯酒將會多麼損害自己的尊嚴，那麼對方往往就會喝下去了。

五、採用以退為進的說法

對於某些酒量委實有限的上司，特別是女性上司，過分地勉強顯然是不太好的，那麼就不免在飲酒量上作讓步，這時，你可以說：「您半杯，我乾了。」或者是「您喝啤酒，我喝白酒」，以此來說服上司。

六、勸酒要把握好尺度

勸酒對於營造氛圍具有重要作用。同時，勸酒也是一門藝術。我們常能在酒宴上發現這樣的勸酒高手，幾句「花言巧語」就搞得你明明酒量有限，卻還是喝了個酩酊大醉。應該說，既要讓對方盡其所能地喝酒，又要活躍氣氛，此外還要不傷和氣、不損面子，這是一位勸酒者的基本「責任」。

所以，大家在勸酒時一定要把握好度，使勸酒恰到好處。

酒宴是聯絡和增進感情的重要場所，能夠促進雙方的情感交流，使彼此的關係更密切、更穩固。一般來說，如果勸酒本身真的能夠達到這個目的的話，對方是不會輕易拒絕的。針對這種心理，在向別人敬酒時可以充滿感情地強調一下自己對對方的尊重和敬仰，使勸酒變為兩人之間獨特的情感交流方式。

語言大師 精華提要

在飯局上求人辦事是很普遍的事情，但是這並不是說只要你請對方吃飯，對方就一定會答應給你提供幫助，這其中有很多技巧性的問題，需要你仔細斟酌。

而且飯局上風雲變幻，對方的情緒隨時都在變化，儘管你會試著儘量避免觸犯對方的逆鱗，但是卻無法確切探知到對方的心理，你能做的只能是在對方表現出不悅或是有反感跡象的前幾秒，迅速做出應變反應——敬酒，平息對方心中的波瀾，緩和現場的氣氛。

04 怎樣祝酒才能贏得上司好感

我們必須運用我們的機智；否則，不管我們以什麼方式贏得了人們的好感，我們都有在不知不覺中以同樣方式失去這種好感的危險。——歌德【德國】

在宴會上，下屬要讓上司把酒喝得順理成章，喝得快樂，巧妙的祝酒詞可是起到了舉足輕重的作用。敬酒時不只需要一個好的理由，巧妙的祝酒詞也是很重要的。如果下屬沒有合適的祝酒詞增添色彩，那敬酒、祝酒跟一個人喝悶酒又有什麼區別呢？

下屬一番精采的祝酒詞能讓在場的上司開懷大笑，興致勃勃，借敬酒的時機創造出了一個個小高潮；一番好聽的祝酒詞也能讓上司心情舒暢，酒也才能喝得興高采烈。如果是一番說得不當的祝酒詞，就算上司喝了你的酒，也會在心裡頗有微詞。

說祝酒詞最通常都是為了營造一種輕鬆的氣氛，所以下屬要說得喜氣洋洋，多說幾句客套話，讓上司聽起來開懷。比如最常見的「感情深、一口悶」之類的祝酒詞，語言簡潔，又不失幽默。祝酒詞也是祝上司身體健康、家庭幸福等這樣的話，這樣的直抒胸臆的祝酒詞雖然簡單，卻飽含情意。不同場合，下屬對上司說的祝酒詞也會有所不同。

下屬在餐桌上給上司祝酒，可以渲染吃飯氣氛。此時的祝酒詞不宜太長，最好是說出感受。在儀式場合，通常會有一位酒司儀，如果沒有，組委會主席，會在就餐結束，開始發言前，致必要的祝酒詞。在不太正式的場合，下屬可以在葡萄酒和香檳酒上來之後，就提議祝酒。

酒場如戰場，酒場即商場。不同地場合說不同的祝酒詞，只有恰當的祝酒詞才會讓人樂的喝酒，才能在喝酒中喝出友誼。請記住：好的祝酒詞，能讓上司欣喜，也能增加上司對你的好感；恰到好處的祝酒詞，能讓對方喜不自勝，喝酒也喝得暢快。酒量不在高，但一定要杯杯都喝得精采。

祝酒詞要簡潔、幽默，讓上司聽起來覺得很有趣，但切忌說得過長、過多。可以說祝福上級的話，如祝您身體健康、家庭美滿等。在宴會上，下屬該說的時候才說，不該說的時候說，就算敬酒詞再好，也會讓上級感到無禮。

觥籌交錯間，下屬若能巧妙祝酒，不但能錦上添花，而且還能與上司拉近關係，贏得好感。

語言大師 精華提要

在宴會進行的過程中，賓主雙方出於禮貌會以禮祝酒。這種祝酒方式的特點是彬彬有禮。以禮貌的辦法祝酒，往往讓人無法回絕。特別是主人的盛情配之以有準備的熱情洋溢的語言，的確令人無法拒絕。

05 不想喝時，「自然」拒絕不傷顏面

說出拒絕的理由時，別忘了為未來的索要留下某種餘地。
——赫爾普斯【英國】

酒桌上的氛圍總是喝酒容易拒酒難，想要拒絕本身就是一件難事。拒酒的話要說得不讓勸酒的人覺得是你故意不給面子或者不讓其他人覺得你在故意掃大家的興，就更不是容易的事。下面我們介紹幾種行之有效又自然大方的拒酒方式。

一、滿臉堆笑，就是不喝

瑞宏大喜之日，特邀親朋祝賀，小波也在其中，然而小波平素很少飲酒，且酒量

「不堪一擊」。偏偏酒席上，有人提議要小波與瑞宏單獨「表示」一下，小波深知自己酒量的深淺，忙起身，一個勁地扮笑臉，一個勁地說圓場話：「酒不在多，喝好就行。」

「經常見面，不必客氣。」

「你看我喝得滿面紅光，全托你的福，實在是……」

結果使瑞宏無可奈何。在筵席上一些「酒精（久經）考驗」的拒酒者，任憑敬酒的人說得天花亂墜，他就是笑瞇瞇地頻頻舉杯而不飲，而且振振有詞。這種「滿面笑容，好話說盡」的拒酒術往往能讓對方拿你沒辦法，最後只好作罷。

二、以其人之道，還治其人之身

小君的朋友正忠，人很好，但就是有一個毛病，他喜歡在酒席上盛情勸酒，而且通常採取欲抑先揚的勸酒術，先恭維對方是「高人」或「朋友」，再舉杯敬酒，讓對方騎虎難下。因為正忠已經「有言」在先，如果不喝，就不配為「高人」，不配做「朋友」。

這天在酒席上，正忠又故技重施，勸小君喝酒，可是小君怎麼也不想喝了，於是說：「今天你要我喝酒，簡直是要我的命。如果你把我當朋友，就不要害我了！」

正忠也不好意思再勸了，小君使用了和他一樣的說話技巧，是以其人之道還治其人之身。因為小君的言下之意也很明白：你要我喝酒就不夠朋友！而勸酒者都有一個心理：喝也罷，不喝也罷，口頭上都必須承認是朋友，是兄弟。抓住這個弱點予以反擊，勸者礙於「朋友」的情面，不得不緘口。

三、坦白求「從寬」

傳智去參加一個宴會，國華好久沒與他見面了，堅持要和傳智痛飲三杯，傳智說：「你的厚意我領了，遺憾的是我最近這段時間身體不好，正在吃藥，好久都滴酒不沾，只好請老朋友你多多關照了。好在來日方長，後會有期，日後我一定與你一醉方休，好嗎？」此言一出，國華也就只好見好就收了。

事實勝於雄辯，拒酒時，若能突出事實，申明實際情況，表明自己的苦衷，再配上得體的語言，那就能取得勸酒者的諒解，使他輟杯罷手。

四、誇大後果，爭取諒解

飲酒當然是喝好而不喝倒，讓客人乘興而來，盡興而歸。那種不顧實際的勸酒風，說到底，也不過是以把人喝倒為目的，這充其量只能說是一種低級趣味的勸酒術，是勸酒中的大忌。作為被動者，當酒量喝到一半有餘時，就應向東道主或勸酒者說明情況。

如：「感謝你對我的一片盛情，我原本只有三兩酒量，今天因喝得格外稱心，多貪了幾杯，再喝就『不對勁』了，還望你能體諒。」

如此開脫以後，就再也不要喝了，這種實實在在地說明後果和隱患的拒酒術，只要勸酒者明白「過猶不及」的道理，善解人意者，就會見好就收。

五、女將出馬，以情動人

媛媛陪丈夫去參加聚會，酒席上丈夫的好朋友們大有不醉不歸的架勢。但丈夫身體不好，嫒媛擔心生性內向的丈夫會一陪到底而不會適時拒絕。等丈夫三杯白酒下肚，嫒媛站了起來，舉起手中的酒，對酒席上丈夫的朋友們說：「各位好朋友，我丈夫身體不好，兩星期前還去過醫院，醫生特別囑咐說不能喝酒，可是今天見了大家，他高興才喝了那麼多。既然都是好朋友，你們一定不忍心讓他酒喝盡興了，人卻上醫院。為了不掃大家的興，我敬各位一杯，我先乾為盡！」

說完，一杯酒就下了嫒媛的肚子。丈夫的朋友們，聽她說的話充滿感情，再看她豪爽的架勢，也就不再勸她丈夫酒了。

酒席上，女人拒酒往往更能得到人們的理解，如果女人能幫著丈夫拒酒，不就是幫丈夫解圍了嗎？當然這時，一定要慎重，不要貿然代替丈夫拒酒，否則會讓人覺得你的丈夫不豪爽，反而有損丈夫的面子。

總而言之，我們在飯局中拒酒的時候，一定要注意說話。生硬拒絕的話，如「我偏不喝，你能把我怎麼樣？」這樣說不定就會和勸酒者發生爭吵，而趁著酒瘋，一旦爭吵起來，很可能就會喪失理性，使喜慶的宴會變成充滿火藥味的戰場。拉開架勢的話，如「你逼我喝？好，我今天豁出去了，誰怕誰？」本來是想拒絕，經這麼一說，反倒成了挑戰，實在是事與願違。

語言大師 精華提要

以酒挾情的勸酒術威力巨大，一般情況下令人無法抗拒，如果拒絕往往是你「不領情」或者「不給面子」。總之，直接拒絕這樣的勸酒顯得特別傷感情。但實際上，在商務宴會上，這種以濃情作為幌子的勸酒帶有很大的欺騙性，但是又不好直接拒絕，所以，採取「以情抵情」法最恰當。

06 酒量不好，坦誠拒酒不失禮

坦誠是最明智的策略。

——佛蘭克林【美國】

許多人都害怕參加酒宴，一場酒宴下來，往往是喝個人仰馬翻的局面，對身體的損傷極大。對於那些酒量不好，卻又不得不出席酒宴的人來說，喝酒更是一件痛苦的事情，常常幾杯酒下肚就醉了，不僅容易失態，還無法在酒桌上把事辦成，這顯然是得不償失的。

進典是公司的策劃部經理，平時和客戶打交道很多，許多公司安排的商務酒宴上都會安排他和市場部經理一起出席，以便和客戶進一步溝通策劃案細節。剛開始參加這種商務酒宴的時候，客戶每次敬酒，進典都不好意思拒絕，也常常被客戶灌醉而誤了正事。市場部經理大為不滿，進典自己也覺得委屈。

進典把這事向好友抱怨，好友卻說他酒量不好就該拒絕。在商務酒宴久經沙場的好友就教了他幾招拒酒法。在後來的商務酒宴中，進典就很少出現被灌醉的事情了。

在酒宴上，面對別人的敬酒，酒量不好的你就應該學會拒絕，而不能為了不駁對方的面子逞強喝酒，對自己身體不利，還容易誤了正事。萬一你酒後失態，在對方面前大大失禮，也會影響自己的形象。

如果你因為很多原因不得不參加酒宴，而事實上你的酒量又不好，那麼你應該怎樣陪別人才顯得周到呢？這可以從以下兩種情況分析：

一、滴酒不沾的人如何陪客

在一些滴酒不沾的人中，有不少人是宴會上陪客的高手。他們在長期的磨煉中，在熱情地向客人斟酒的過程中，學到不少陪伴客人的訣竅，其訣竅就是「因為不會喝，所以我就只有一心一意地為客人斟酒服務」。

有的人在自己的酒杯裡倒些茶，也像喝酒似的一點點地喝，這樣也會使氣氛很熱鬧，也有的辦事人員裝出喝醉酒的樣子，講一些有趣的話逗大家笑。總而言之，辦法很多，只要你想做就做得出來。

二、會喝酒但喝不多的人如何陪客

會喝但喝不多的人最多了。在宴會上這種會喝但又喝不多的人處境是最難的，因為他不可能像一滴酒都不能喝的人那樣索性為客人斟酒服務，另一方面他又不能和酒量大的客人乾杯痛飲。

酒量小的人不僅要設法控制自己的酒量，還要動腦筋琢磨勸酒的方法。敬酒、勸酒、斟酒的方法愈高明，對方也喝得愈高興。

宴會上如果對方明知你酒量小而有意想把你灌醉的話，你可直率地把酒杯收起來，並且鄭重其事地告訴對方：「我的身體實在是受不了，請您諒解！」

陪酒量好的客人喝酒之前，最好先多吃些脂肪多的食物墊墊底，以達到保護胃壁及阻止酒精吸收的作用，在喝酒的方法上，開始要少喝一點，然後再逐漸地增加酒量，使自己有個適應的時間。

如上所述，在喝酒時斟酒是大有學問的，公關辦事時，應該在這些問題上多動點腦筋多下點工夫才可以。不要事情還沒辦好，已經醉得不省人事了。

語言大師 精華提要

如果是由於自己能力或客觀原因無法多喝，我們應該實話告知對方自己自己的實際情況，同時，要真誠地表達自己的遺憾之情，對方自然會明白你的心意，而不再強求於你，你也不會因此而得罪對方。

07 利用擋酒詞成功地拒酒

智慧的標誌是審時度勢之後再擇機行事

——荷馬【古希臘】

在舉行宴會時，少不了這樣一個場面：大家都乘興舉杯而飲。但由於每個人的酒量都有一定限度，如能喝得適量自然是有益無害的。因此，面對對方的盛情相勸，被勸酒者還需巧妙地拒絕。學會一些擋酒詞，才能成功地拒酒，不但使自己免受腸胃之苦，而且不會讓對方覺得你不給面子，更不至於傷了和氣，壞了事情，真正達到「杯酒也盡歡」的和諧局面。

一、把身體健康作為擋箭牌

喝酒是為了交流情感，也是為了身心的愉悅。如果為了喝酒而喝酒，以致於折騰了身體、損害了健康，這是誰都不願意看到的。因此，我們可以以身不舒服或是患有某種忌酒的疾病（如肝臟不好、高血壓、心臟病等）為理由拒絕對方的勸酒，這樣對方無論如何是不好再強求了。

二、以家人不同意為由

一般來說，以家人的禁止為由拒酒往往容易讓對方覺得你在找藉口推脫，這是因為他想像不到這個問題對你有多麼嚴重。因此，你必須在拒酒時講得真實生動，把自己不聽「禁令」的後果展示一番，讓對方感到讓你喝酒真的是等於害了你，則他也就停止勸酒了。可以說，把理由講得真實可信是使用此方式拒酒的關鍵之處。你可以說：「我家人一聞我滿口酒氣就和我吵架。我不騙你，所以你如果是真為我著想，那我們就以茶代酒吧？」這樣一說，對方也就無話可說了。

三、挑對方勸酒語中的毛病

對方勸我方喝酒，總得找個理由，而這理由有時是靠不住的。特別是一些並不太高明的勸酒者，其勸酒語中往往會有不少漏洞可抓。抓住這些漏洞，分析其中道理，最後證明應該喝酒的不是我方，而是對方，或者是其他人，總之到最後不了了之。只要這漏洞抓得準，分析得又有理有據，那麼對方就無話可說，只好放棄了這位難對付的「工作對象」。

學會了以上三種拒術，你也就從免除了酒精對你身體的深入荼毒，順利達到「杯酒也盡歡」的境界，完成了一次賓主盡歡的飯局。

語言大師 精華提要

如果說以身體為由推辭敬酒是曉之以理，那麼還有一種動之以情的方法可用來拒酒。如果東道主敬酒時已經滿含深情，那麼回答敬酒詞時應該尊重對方，給足面子，同樣以真情還之，即所謂以情抵情。

PART 8

怎樣說電話那端的人才會被你吸引

01 準備充分，再撥通電話

永遠準備說出心裡的話，奸邪之徒自然遠避。

——布萊克【英國】

隨著競爭的激烈，人們的生活節奏加快，時間也就顯得越來越寶貴，所以在和對方進行電話交談時，更要學會控制時間。

如何控制電話時間需要一定的技巧，特別是在電話中進行自我介紹時，力爭不要超過一分鐘，簡單將自己的情況介紹清楚，這就需要做好準備工作。

首先，注意電話接聽當中的一些措辭，主動及時地表達出來，可以避免不必要地反覆提問。如商務公司在接聽電話時說：「您好，這裡是××公司，我是××。」這樣就可避免對方問「你是誰」，或者交談到一半時，突然覺得不對勁，才想起問對方：「請問，怎樣稱呼？」

其次，打短電話最好在三分鐘以內完成。根據事先列出的要點，撥通電話後做簡單的問候就進入正題，說的時候要簡明扼要。這樣做不僅節約了時間，還讓對方覺得我們是在尊重他，因為對方可能有其他事情要處理或因為和我們通電話而占線，其他重要的電話無法撥打進來。如果你知道通話會需要一段較長的時間，一個好的辦法是，在你開始談話時，對你的朋友說：「陳先生，現在方便說話嗎？」或「你有時間說話嗎？」如果更多的人採用這種方式，對電話打擾的抱怨就會減少許多。

最後，電話溝通的過程中，要注意在有限的時間內向對方傳達有效的資訊。所以要在撥通電話之前準備好與談話內容相關的所有資料資料。如果談話內容很重要，可以先將談話的內容資料給對方郵寄或電傳，讓對方詳盡考慮，以便在電話交談時簡明扼要，更有針對性，而不必再在電話裡向對方解釋每個細節，節省時間。

當然，自己也要準備充足的資料。若是談到一半，才想起需要談話的資料在某一個角落裡，需要對方等待一段時間才能將資料取出，這不僅浪費了對方的時間，也影響了談話的氣氛。打電話前沒有準備相關的資料，還常會出現所表達的內容要點不全面，東一件事，西一件事，讓對方搞不明白究竟哪件事才是最重要的。如果提前做好準備，那麼一切都會是有條不紊，「我打電話給您，是有三件事需要和您商量，首先是……其次是……最後是……我來總結一下，看我們是否達成共識，第一件事，我們認為……第二件事是……最後是……是這樣嗎？」

當準備好所有的資料後，還需列出發言的要點，將其邏輯聯繫起來，不要太依賴臨時組織的談話要點。這樣一來，既可以提高電話交流的效率，也可以避免不必要的麻煩，對方也會對你井井有條的話題心生好感，從而更願意與你交流。

語言大師 精華提要

在打電話之前要認真思考，並且組織語言，這樣可以避免講電話的時候忘記該說的話，或者說話顛三倒四、前後矛盾，而讓對方先入為主產生敵意或反感。

02 第一個字——「喂」怎麼說

一句溫暖的話，就像往別人身上灑香水，自己也會沾到兩三滴。

——證嚴法師

如今，手機幾乎是人們生活中必不可少的部分了，若不懂得電話交談的技巧，會直接影響人際關係的建立。尤其是你想成為一名交際高手，就更應該掌握電話交談的技巧，從而有效地與人溝通，也給自己樹立良好的個人形象。

動物界，當某些鳥類在牠們對異性產生興趣時，會改變身體顏色來傳達愛意，螢火蟲則是用閃動的螢光來表示牠求偶時刻的到來。

你是否想過你在電話中說的「喂」傳遞了什麼樣的資訊？它很可能包容了你電話交談中的全部基調，它能表現出你的情緒：可能是隨意而鬆弛的，說明你正閒著；也可能是急促而僵硬的，表面似乎是說：「我很忙，不得不立刻掛掉電話。」其實可能非常粗魯無禮，預示著接下來是一場暴風驟雨。

我們都不乏這樣的生活經驗，在接聽電話的那一時刻對方態度是熱情的還是冷漠的；是感興趣還是不感興趣；是關心的還是煩躁的；是能理解還是沒有耐心；是接受還是拒絕，這些都是可以感受得到的。為什麼？這是因為聲音能夠展示與構建出電話接聽者的形象。

要在通電話時展現你的修養，首先要認識到每個電話都是一個友好的訪問，而不是對你私人空間的侵犯。你對待每個電話必須就像是對待你最好的朋友和喜歡的客戶，無論打電話還是接電話，拿起電話，你就應該面帶微笑，用柔和的語氣清楚地說：「喂，您好！」或者在接聽電話之前就微笑，先笑笑再接聽電話，以便透過聲音讓對方感覺到你友好的態度。

總之，一定要讓這聲「喂」真正傳遞出你所希望傳遞的意思。有些人說這個字時，顯得十分傲慢、冷淡，甚至帶有敵意，其實他們自己並不知道會這樣。因此，我們在電話中要特別注意「喂」的聲調和感情。

語言大師 精華提要

講電話時對方看不見你，但是，愉悅的笑語會使聲音自然輕快悅耳，你的良好情緒可以借助電波電到對方，促進彼此溝通。相反，若接電話時板著臉，一副心不甘、情不願的樣子，聲音自然會沉悶凝重，無法留給對方好感。

由於臉部表情會影響聲音的變化，所以即使在電話中，也要常抱著良好的心態去應對。不管何時接聽電話，一定要將明朗的情緒傳達給對方。

03 怎樣透過電話讓對方感到受尊重

言談是衣著的精神部分，用上它、撇開它，就和戴上或摘下裝飾著羽毛的女帽一樣。

——巴爾扎克【法國】

隨著現代通信技術的發展，一個現代人如果不懂得電話交談的技巧，會直接影響人際關係的建立，也會影響到個人形象的確立。

一般而言，電話交談的技巧主要有以下幾點：

一、說出對方的名字

處於傳送資訊狀態的電話，我們稱為通話；而當通話途中，傳入了第三者的聲音時，則稱之為私語。例如：「林小姐嗎？請稍等，我幫你轉給我哥哥。」「哥哥，林小姐的電話。」平常我們稱呼別人時，都會在名字後面加上先生或小姐作為尊稱。但對方如果是公司時，就常常省略而造成對方的不愉快。因此，無論對方是人或是公司，我們都應稟持尊敬的態度稱呼他。不嫌麻煩地把對方的全名都說出來，才不至於讓對方認為我們沒有禮貌。

二、音量適中

有活力的聲音最美，與人電話交談時更要保持活力和熱情，否則你的聲音會顯得十分疲倦、頹喪和消極。

如果你講電話時聲音變得愈來愈高，可以採用「鉛筆法」：手握一支鉛筆，舉到距離你約二十五·四公分的地方，然後對著它說話。如果感到你的聲音在這個距離內顯得過高，就把鉛筆放在低於電話聽筒，或與茶几同高的位置，並提醒自己降低音調，運用共鳴。

三、以應答促成電話交談成功

面對面交談與電話交談時，聽者所注意的重點顯然不同。以前者而言，縱然說話失禮，也可以表情彌補。只要談話氣氛和樂，大致不會發生問題。但電話交談則不然。往往會由於一句無心的話而得罪對方或招致誤解。無論以任何表情表示，也無法消除對方的生氣，因為對方看不見表情。當你正忙碌時，卻接到別人的電話，對方只是閒話家常，而且越談越起勁。雖然你想馬上結束談話，但又擔心得罪人，只好勉為其難地應付。隨著你的心情焦急，語氣從恭恭敬敬的「是」，改成「嗯」、「哦」。漸漸的，對方會察覺你的態度不恭，而對你感到不滿，但其實，對方根本不瞭解實情。因此，碰到這種情形時，不妨主動說明事實，以委婉的語氣結束交談。

由於電話交談純粹是語言溝通，應避免敷衍了事。此外，若是沉默時間太久，必然引起對方誤解，以為你沒有專心聽講。所以須趁對方說話告一段落時，插上一句「不錯」或「是啊」，促成談話順利進行。

電話應對以讓對方感到受尊重最重要。我們要儘量避免一手握著電話聽筒，一手按著電腦，或一面喝茶、抽菸，一面接電話的情況。雖然電話交談彼此都看不見，但基本的禮貌是不可忽視的。

語言大師 精華提要

通電話時看不見面部表情，因此須特別注意聲音，因為聲音也能反映表情。倘若感到不耐煩或者對對方有任何的不尊重及不滿，對方都可以從聲音中感應出來。所以，我們在講電話的時候一定要注意讓對方感受到尊重。

04 不小心打錯電話時，應該怎麼說

口說一句好話，如口出蓮花；口說一句壞話，如口出毒蛇。

——證嚴法師

生活中難免接到打錯的電話，比如你接其電話說：「喂！請問您找誰？」「啪！嘟嘟嘟嘟……」當你接到這種電話時，你是會火冒三丈、怒髮衝冠，還是守在電話旁等它再一次響起？如果是你打錯了電話時你怎麼辦？

打錯電話的情況各式各樣，常見的情形如下：

有時一時手癢想趕時髦，便用手邊的一支筆快速撥，如此極易將號碼撥錯或按錯鍵。有時卻是因為對方電話號碼更改或區域號碼變了，而撥不到正確號碼，這時你又毫無禮貌地「啪」的一聲掛斷了。這一掛，不僅對對方失禮，而且對打錯的原因不檢討，只會一錯再錯。因此，在打電話時要先確認一次號碼，心平氣和地定下心來。如果還是打錯時，你可以參照下面的做法：

「喂！您好！這裡是××公司。」

「請問不是小雨嗎？」

「不是，是××公司。」

「啊！非常抱歉，那可否請問電話號碼是否是××××？」

「是的，號碼是對的，但是我們這裡確實是一家公司。」

「那非常抱歉，耽誤您的時間。」

「沒關係，拜拜！」

「對不起，拜拜！」而且應先等對方掛電話，然後才可以掛電話。

在家中常接到打錯的電話，通常都會罵幾句，而自己打錯了電話時，反應往往也是那些。在家居生活中關係可能沒這麼緊張，但是在公司的商務電話中就不得不戰戰兢兢了。

「喂！請問是××建築公司嗎？」

「不是，是×××外貿公司。」

完了！打錯了！怎麼辦，哎呀，超快掛掉。

很多人會選擇這樣的做法，其實，這是最差勁的方法。掛了電話之後，不僅對方莫名其妙，而你再一次撥號碼時，也有可能重蹈覆轍打到同一地方去，這是見怪不怪的事。

因此，當得知自己打錯電話時，一定不可慌張或出言不遜，而一定要經過這樣的確認，才可以清楚瞭解到底是撥錯號碼打錯電話，還是記錯了號碼，弄清問題癥結所在，然後正確打電話給對方。

語言大師精華提要

打錯電話是常有的事情，在發現的第一時間，應該道歉，表明自己的沒有惡意。然後，友好地跟對方說「再見」。千萬不要很沒禮貌地直接掛斷或者出言不遜，否則，只會讓對方心生不悅，你也得不到什麼好處。

05 怎樣借助電波傳遞自己的美好形象

口說好話、心想好意、身行好事。

——證嚴法師

良好的電話交談其實與其他談話並沒有本質的區別，唯一重要的區別就是：講電話時你只能依靠聲音，不可能用面頰上的微笑或眼睛中的神采來彌補聲音中的缺陷。在電話中，聲音是你表情達意的唯一信使。既然在電話中只能依賴你的談吐，那就應該使它表現出最佳狀態。

當你用電話傳遞聲音時，必須弄清楚對方是否真正明白你的意思。儘管電話線另一端的人實際上看不見你，但聲音卻能為他描繪出你的形象。如果你愁眉苦臉，電話中的聲音也不可能溫暖熱情；同時，如果你說話時面帶微笑，電波就會把微笑傳遞過去。電話這種傳達身體表情的能力相當驚人，你在電話中的聲音能夠很清楚地告訴對方：你的嘴巴是在向上翹，或是向下撇。你越是態度友好，聲音聽起來就越親切，而友好的態度，無論在社交活動還是在商業場合中，都是有效的交流工具。試想，當你在賓館中一覺醒來，拿起電話要早餐時，回答你的是一個洋溢著笑意的聲音該是多麼愉快！

無論是和私人談話還是在商業洽談中，電話傳遞的形象可能是令人愉快的，也可能是招人反感的。因此，你應隨時保持聲音的活力、熱情和真摯。

即使在面對面的談話中，有身體動作和手勢的幫助，要確切瞭解對方的意思也不那麼容易，在電話交談中要做到這一點就更難了。這時你只能依靠傾聽。傾聽對方所說的話，並且適當地回應「嗯」、「是的」、「我瞭解」，讓對方知道你正在專心地傾聽。

如果你發現你在電話中有某種不良習慣，就把紙條貼在電話機上用以矯正自己。如果你有清嗓子、說口頭禪，或喜歡東拉西扯等壞習慣，這張提醒你的紙條會幫助你擺脫它們的危害。

當你在電話中與人交談的時候，如果你的聲音能夠給人帶來如下的讚揚，那麼你的聲音就是美好的，「呀，聽聲音她一定是位非常有教養、文雅的女人」，或者「嗯，這聲音聽起來沉著、穩重，一定是位成熟的男人」，抑或是「這家公司真不錯，接電話的小姐都是這麼溫柔。」。

由於電話容易讓對方產生「視覺聯想」，因此，美妙適中的聲音帶給對方的印象是很深刻的，它可以透視出一個人的品格乃至於他的具體形象。

有的人一拿起電話，就會像生怕對方聽不見似的操起高八度的嗓門大喊大叫，使對方覺得好似公雞啼鳴，而有的人一拿起電話又好像在聯絡暗號，生怕被人聽見了一樣將聲音壓得又小又低，讓對方感覺他口裡像含了糖塊似的含混不清。

前一種人講電話像打雷一樣吼叫，其實他不知道對方早已將聽筒離開耳朵好幾十公分，不然耳膜都會被震壞；後一種人的聲音又總會令人不斷地急問：「你說的是什麼？請再說一遍！」次數多了肯定會引起對方的厭煩。所以，使用電話交談，一定要注意聲音的適度，聲音太大或是太小都是不好的，而適當的聲音才會比過高或過低的聲音更讓人感到容易接受。

許多人忽略了聲音透過電話機後音調會稍微有所改變。現在即使最好的電話機也還不能夠把你的「原聲」傳遞給對方。因此，你在電話中談話，不能完全根據你平時說話的習慣。你要有一種特殊的適合講電話的節奏與速度。你的音量也要加以調整，太輕太重都會使對方聽起來不清晰。

一般來說，你要正對著話筒，咬字要清楚，一個字一個字地說。數目、時間、日期、號碼和地點等，要特別注意，最好能重複一遍，並且確知對方已經完全聽清楚了為止。因此，我們在接聽電話時，千萬要把握好自己的聲音。音量要適中，音調要恰到好處。只有這樣，才能在短短的幾分鐘內，將對方的心牢牢抓住。

語言大師 精華提要

即便電話對面的人看不到我們，我們也應該向對方展現自己美好的形象，以便給對方留下美好的印象。這樣有助於以後的進一步交流，對我們來說，是有百利而無一害的。

06 電話交談，禮貌用語不可少

客套話有如隔著面紗接吻。

——雨果【法國】

電話交談時，禮貌用語必不可少。交談之中愉悅氣氛的掌握十分重要，氣氛活絡的營造，輕鬆的溝通固然是其關鍵，但毋庸置疑的是，禮貌用語確實是不可或缺的鑰匙，禮貌是良好的商務人員所必備的素質。

在午餐之前先向別人道聲「早安」，讓對方不由自主地跟著你愉悅的心情，也道聲「早安」，繼之說聲：「對不起，耽誤您一點時間。」在對方尚未反應過來時，簡單扼要地開始述說。譬如：「早安，李女士，對不起，耽誤妳一點時間，我是××公司的業務員雨慧，下星期六也就是八月十日，本公司在××大樓舉辦新產品發表會，請您光臨，謝謝，再見。」在簡短介紹完之後迅速掛上電話——除非她有興趣。

一聲親切地問候會使人際關係獲得改善，也會讓他人覺得備受重視而心情開朗。在電話中的交談也是如此，一拿起電話筒聽到的是清脆愉悅的「早安」問候語，儘管說者無意，聽者仍然有如沐春風的感覺。

「對不起」這句話看似簡單毫無多大的意義，但是卻可以消除誤會，使強者低頭，增加彼此客氣的源泉，贏得友誼的催化劑。

在職場中，對尚未習慣用禮貌用語的新職員來說，要把這些基本的電話應對說得自然、流利、順口，似乎不是一件容易的事，尤其是越在緊要關頭，越容易出差錯，因為平常很少用到，只要一說出口便覺得很不習慣，甚至有時還會出現因差錯原因而鬧出笑話的。

有些人或許會認為，並非一定要用這些禮貌用語才可以把工作辦好，甚至於用平常語就可以了，稱兄道弟的更能接近彼此的距離，且能使對方或客戶覺得親切。但在商場上每個人都希望受到尊重，尤其是生意上的往來，更沒有必要稱兄道弟的，保持相當的尊重才是必要的。剛開始時，就如同小娃娃牙牙學語一樣，不自然不流利，只要不厭其煩加以練習，久而久之就可順暢自在了。

無論如何，在電話交談的過程中，你一定要熟練掌握禮貌用語，不然的話很有可能會使你們的交談功虧一簣。

語言大師 精華提要

講話的過程中禮貌用語是不可少的，這樣會讓對方覺得你是個很有修養的人。千萬不能出口成髒，否則，對方一定會對你心生厭惡，以後都不會再想接聽你的電話了。

07 要找的對象，是助手接電話時你該怎麼說

大王好見，小鬼難纏。
——俗語

俗話說：「大王好見，小鬼難纏。」做銷售的人都清楚，當我們向一家大公司開展銷售工作時，要想直接接觸決策者是有難度的，因為有這樣一種人會跳出來，擋在我們與決策者之間，他們通常被我們稱為「看門人」——就是決策者身邊的助理、副手和祕書。

他們通常在平日裡直接為決策者服務，同時能接觸公司很多資料，他們非常瞭解公

司的目標和經營狀況，甚至是一些重要項目的行動計劃和重點內容。更重要的是，這些「看門人」的職責就是盡可能地協助上司投入到原計劃的工作安排中，少出意外狀況，少受貿然打擾。

因為上司時間非常寶貴，所以他們會被授權對打入的電話進行過濾，以免干擾上司。久而久之，這些「看門人」都練就了一身精湛的本領，能夠很輕鬆地把那些小商小販和真正能給公司帶來利益的專家區分開來。

他們會嚴格地盤問每一位銷售者，我們必須過這一關。別指望依靠「甜言蜜語」和諂媚的技巧來打動他們，在日常行為訓練中，他們已練就「金剛不壞」之身，優秀的銷售者都不喜歡碰運氣，他們的一些行為準則值得我們學習：

一、不要撒謊，不要掩蓋事實

當銷售員被行政助理打發到其他部門時，很多人會使用這樣的台詞「我聯繫過那個部門，就是部門主管建議我與你上司談一談的」，這很明顯是在欺騙，一旦你的謊言被戳穿，沒有人會再相信你。

二、不要用脅迫的方式

有一些銷售員把這些行政助理和祕書看成是公司隨時可以辭退的小跟班，於是嘗試用傲慢、脅迫的態度來嚇唬「看門人」，他對接線人說「此事關係重大，我需要直接同關鍵人物談，請給我接你的上司」，用這樣的態度，你並不會嚇唬住對方，只會立即被對方列入「不受歡迎」的黑名單。

三．不要以為就你聰明，別人都是傻瓜

有一些銷售員並沒有將「看門人」放在眼裡，甚至認為對方沒什麼文化。當被對方問及打電話為何事時，這些銷售員就會說「這事有些複雜，你們老總知道的，請讓我直接跟他談吧」，這種說法可能管用，但也只可能管用一次，下次他們不會再相信你。

四、不要吞吞吐吐，試圖隱瞞

這些「看門人」都是久經沙場的老手，如果你在回答他的問題時含糊其辭，那你通關的希望就很渺茫了。這些「看門人」想清楚地知道你是誰，你來自於哪家公司，為什麼一定要決策者接電話，如果你沒有令人滿意的答案，沒有充足的理由，那就不太可能見到決策者。

總之，別妄想將一些小技巧和小聰明當做通關密碼，或許你能蒙混過關，但下一次你不會再有好運氣。

下面，我們準備正式通關，準備好了嗎？

首先，如果你確信自己的產品、服務能給客戶公司帶來巨大的利益，那你和這些「看門人」實際上就站在了一條戰線上，你所要做的就是讓他們儘快瞭解你與決策者取得聯繫的必要性。對於這些「看門人」來說，他們肩負著重要的使命，他們需要判斷來訪者是否重要。進而判斷決策者是否願意接這個電話。在這種情況下，他對推銷電話格外敏感，言語中一旦有「推銷」的蛛絲馬跡，他馬上就能捕捉到，隨後立即開啟防禦之門，你就會被擋在門外，所以，你怎麼對他們說，說什麼，要非常謹慎。

記住，不要進行產品解說，唯一有價值的事是關注客戶的業務，關注客戶的利益，你要將這個價值理念貫徹到底，客戶對你的可信度來源於此，你對自己產品的信心、你對自己的信任也來源於此。同時，你需要在決策者面前說什麼，就可以在他的「看門人」面前說什麼，因為對後者所起的效果是一樣的。

當這些「看門人」覺得你是真正關心他們公司的發展，能處處為公司著想，並且很有利於他們公司業務的理由確實能給公司帶來利益，那他就會傾向於你這邊，即使他知道決策者並不認識你，那也沒什麼。他們會站在你這邊，為你開啟與決策者之間的「門」。

語言大師 精華提要

通關成功後，別忘了將「看門人」的姓名正確地記錄在你的連絡人資訊系統裡，當然能有電子郵箱更好，你可以將一些關鍵資訊發給他們，如果他們願意，就可以轉到決策者手中。總之，對「看門人」瞭解得越多，對你的銷售進展越有幫助。

08 假裝誤聽，讓對方糾正你

經過考慮的片言隻語，勝過大篇的無稽之談。

——諺語

銷售員：「喂，你好。劉經理嗎？我是遠方經貿有限公司的李敬宜，上星期一我到你們廠裡來過，你還記得我吧？」

客戶：「噢，小李啊，你不就是那個遠方公司做廣告的嗎？」

銷售員：「劉經理記性可真好。我們這個雜誌廣告是面對全國大建築公司免費贈送的，反應相當好，透過我們的搭橋牽線，不少公司都取得了明顯效益。而且據我們調查，你們公司新開發的幾種石材，市場反應也好，應該大力推廣。」

客戶：「哎呀，小李，我們在晚報和一些全國性的大報上都做了一些廣告，但是效果都不太好。所以我們不打算做廣告了，還是按照老的銷售路子走。」

銷售員：「你說的也對，花錢沒有效益，誰也不願意再做。但我想主要原因是，晚報是針對大眾的，不夠專業，而我們這個雜誌是免費贈送給專業人士和單位閱讀的，一般來說，大的買賣還是與這些專業建築隊成交的，是吧？」（誘導拍板人說出肯定的回答，同時也是誘導他對回答做出解釋，以伺機採用誤聽試探法。）

客戶：「對，這方面我們有一定的老客戶。老客戶對於我們這十四種石材反應都相當好。」

銷售員：「噢，你們主要是針對這四種石材進行推廣。」（第一次採用誤聽試探。）

客戶：「不，是十四種。」（通常在我們用誤聽試探法時，拍板人會對我們的錯誤加以糾正。我們可以利用這個糾正，認同對方欲做出購買決定。）

銷售員：「噢，那你就要準備十四張石材照片，和一些相關的文字資料說明，兩小時之後我來取。」（用認同購買的技巧促使成交。）

客戶：「好的。」

銷售員：「那好，不耽誤你的時間了，兩小時後見。」

在銷售過程中，銷售員總是認認真真地按既定的方法步驟對客戶進行銷售。有些時候，這些辦法是收效甚微的，這時候不妨採用誤聽試探法。它能有效地促進成交。案例中的小李就是利用誤聽試探法做成了交易。

我們在與別人電話交流的時候，也可以借用上述案例中銷售員的做法，適當進行小小的誤導，以此來實現對對方的掌控。

語言大師 精華提要

有時候，假裝誤聽，會讓對方覺得有利可圖，但是，值得注意的是，在運用誤聽法時要把握分寸，千萬不能隨意使用，以免讓對方覺得你很不專業甚至什麼都不懂，那樣的話，對方就很難相信你了。

09 單刀直入，三十秒內進入主題

好貓不在多，廢話嫌囉唆。

——俗語

在現代化的社會裡，電話作為一種快捷、方便、經濟的通信工具，在諮詢和購物方面已日益得到普及。下面，就是一個常見的例子：小劉是一家公司的推銷員，他想要向客戶方王經理推銷公司的新產品，兩種不同方式的對話，換來了兩種不同的結果。

小劉：「不好意思，打擾一下，請問是王經理嗎？」

王經理：「是的，有什麼事？」

小劉：「是這樣的，王經理，實在不好意思打擾您，我是××旅行公司的小劉，我想請問您以前有沒有使用過××旅行優惠卡住酒店？」

王經理：「什麼卡？什麼事情？快點說，我還有事要辦。」

小劉：「非常抱歉，王經理，我們的旅行優惠卡是方便您在全國各地坐飛機、住酒店時享受打折的。」

王經理：「我們不需要。」

小劉：「沒關係，謝謝您，不好意思，打擾您了，再見！」

小劉放下電話，心裡一直想不通王經理為什麼這麼對自己，是自己的原因？還是對方真的很忙？他不甘心，決定換換方式，第二天，結果確實變了。

小劉：「您好，請問是王經理嗎？」

王經理：「是的，什麼事？」

小劉：「您好，王經理，我是××旅行公司的小劉，今天給您打電話最主要是感謝您對我們公司一直以來的支持！」

王經理：「這沒什麼。」

小劉：「為答謝老客戶對我們公司的支援，我們公司特別推出一種優惠卡，它可以使您在以後的旅行中不管是住酒店還是坐飛機，都有機會享受優惠折扣，相信這張卡一定會為您的旅行帶來方便與更多的優惠，您覺得可以考慮一下嗎？」

王經理：「好的，我可以考慮一下。」

小劉和王經理的這個事例，作為行銷領域一個普遍又典型的代表，反映出一條規則：即電話銷售的成敗，往往就在對方接聽電話的前三十秒鐘。

在這種溝通中，客戶最不願碰到的事就是對方說一些與自己無關的事，一旦他覺得浪費了自己的時間，他就不會再繼續聽電話。所以電話銷售的時候，要在最快的速度內進入主題，讓接電話的人明白你的意圖。

在第一次對話中，小劉被拒絕的原因就是犯了囉唆的毛病，總問一些無關緊要的事，「您是不是用了我們公司的優惠卡？」這樣的問話會讓對方覺得：既然你都沒搞清楚我用沒有用你的優惠卡，為什麼還要打電話給我，為什麼不調查清楚了再打？況且，說了半天，經理也沒聽清楚對方想表達什麼意思，掛斷電話就是情理之中的事。

在第二次的對話中，小劉變換了對話方式，他在最短的時間內自報家門後，將談話的重點轉移到公司優惠卡給對方帶去的好處上，說完這些問出「您覺得可以考慮一下嗎？」而不是說「您知道我們公司這款卡有優惠的功能嗎？」

一般情況下，顧客對推銷員手中的產品並沒有多少瞭解，只有推銷員告訴他，他才知道。面對這種情況，如果還將類似的問題拋向顧客，他就會覺得非常無聊，轉而有這樣的疑問：「既然你知道產品有什麼功能，直接告訴我不就可以了嗎？為什麼還要問我，浪費我的時間呢？」

所以，無論是電話銷售還是日常生活中，我們一定要在盡可能短的時間內將自己能帶給對方的益處說出來，切勿將問題講的過於囉唆，帶有多餘的細枝末節，這樣才能獲得對方的青睞。

語言大師 精華提要

一般人在接、打電話的時，都不願意講一些無關緊要的話語。要想引起電話那頭的人的注意力，就要在盡可能短的時間內將交流的重點提出來，這樣才可能讓對方產生興趣。

謝謝您購買 說話不能太白癡3：畢業班高段說話術！ 這本書！

即日起，詳細填寫本卡各欄，對折免貼郵票寄回，我們每月將抽出一百名回函讀者寄出精美禮物，並享有生日當月購書優惠！

想知道更多更即時的消息，歡迎加入"永續圖書粉絲團"

您也可以利用以下傳真或是掃描圖檔寄回本公司信箱，謝謝。

傳真電話：（02）8647-3660 信箱：yungjiuh@ms45.hinet.net

☺ 姓名： □男 □女 □單身 □已婚

☺ 生日： □非會員 □已是會員

☺ E-Mail： 電話：（ ）

☺ 地址：

☺ 學歷：□高中及以下 □專科或大學 □研究所以上 □其他

☺ 職業：□學生 □資訊 □製造 □行銷 □服務 □金融

□傳播 □公教 □軍警 □自由 □家管 □其他

☺ 您購買此書的原因：□書名 □作者 □內容 □封面 □其他

☺ 您購買此書地點： 金額：

☺ 建議改進：□內容 □封面 □版面設計 □其他

您的建議：

廣 告 回 信
基隆郵局登記證
基隆廣字第 57 號

新北市汐止區大同路三段一九四號九樓之一

大拓文化事業有限公司收

請沿此虛線對折免貼郵票，以膠帶黏貼後寄回，謝謝！

說話不能太白癡3：畢業班高段說話術！

- 請至鄰近各大書店洽詢選購。
- 永續圖書網，24小時訂購服務
  www. foreverbooks. com. tw
  免費加入會員，享有優惠折扣
- 郵政劃撥訂購：
  服務專線：(02)8647-3663
  郵政劃撥帳號：18669219